AC

Claude-Victor Langlois

ÉDITIONS
ULYSSE

Le plaisir... de mieux voyager

Direction de collection	*Cartographie*	*Photographie*
Claude Morneau	André Duchesne	*page couverture*
	Assistant	Superstock
Direction de projet	Steve Rioux	Richard Heinzen
Pascale Couture		*En-têtes*
	Mise en pages	Jennifer McMorran
Recherche et rédaction	Stéphane G. Marceau	
Marc Rigole	Christian Roy	*Direction artistique*
Claude-Victor Langlois		Patrick Farei
	Illustrations	Atoll Direction
Correction	Lorette Pierson	
Pierre Daveluy		

Remerciements : Guillermo Ponce (Office de tourisme mexicain à Montréal), Piquis Rochin (Acapulco Tourism Board), Lillian M. de Lobato (Fondo Mixto de Promoción Turística de Acapulco), J. Ramiro Reina A. (Elcano Acapulco), Elizabeth Gonzalez A. (Elcano Acapulco), Oscar A. Rivero E. (Days Inn Acapulco) et Karine Bouchard (Vacances Air Transat). Les Éditions Ulysse remercient la SODEC (Gouvernement du Québec) ainsi que le Ministère du Patrimoine (Gouvernement du Canada) pour leur soutien financier.

Distribution

Distribution Ulysse
4176, rue St-Denis
Montréal (Québec)
H2W 2M5
☎ (514) 843-9882,
poste 2232
Fax : 514-843-9448
http://www.ulysse.ca

Belgique-Luxembourg :
Vander
321Av. des Volontaires
B-1150 Bruxelles
☎ (02) 762 98 04
Fax : (02) 762 06 62

Espagne :
Altaïr
Balmes 69
E-08007 Barcelona
☎ (3) 323-3062
Fax : (3) 451-2559

France :
Vilo
25, rue Ginoux
75737 Paris
Cedex 15
☎ 01 45 77 08 05
Fax : 01 45 79 97 15

Italie :
Edizioni Del Riccio
50143 Firenze
Via di Soffiano 164/A
☎ (055) 71 63 50
Fax : (055) 71 63 50

Suisse :
Diffusion Payot SA
p.a. OLF S.A.
Case postale 1061
CH-1701 Fribourg
☎ (26) 467 51 11
Fax : (26) 467 54 66

Tout autre pays, contactez Distribution Ulysse (Montréal), ☎ (514) 843-9882, poste 2232, fax : (514) 843-9448, guiduly@ulysse.ca.

Données de catalogage avant publication (Canada)
Vedette principale au titre :
Rigole, Marc,   1956 -
      Acapulco   (Ulysse Plein Sud)
      Comprend un index.
      ISBN 2-89464-061-7
1. Acapulco (Mexique) - Guides.   I. Titre   II.Collection
F1391.A32R53 1997   917.2'7304836   C97-940869-5

«*Le Mexique ne s'explique pas; on croit dans le Mexique, avec fureur, avec passion, avec découragement*»

Carlos Fuentes
La Plus Limpide Région

SOMMAIRE

LISTE DES CARTES

Merci de contribuer à l'amélioration des guides de voyage Ulysse!

Tous les moyens possibles ont été pris pour que les renseignements contenus dans ce guide soient exacts au moment de mettre sous presse. Toutefois, des erreurs peuvent toujours se glisser, des omissions sont toujours possibles, des adresses peuvent disparaître, etc.; la responsabilité de l'éditeur ou des auteurs ne pourrait s'engager en cas de perte ou de dommage qui serait causé par une erreur ou une omission.

Nous apprécions au plus haut point vos commentaires, précisions et suggestions, qui permettent l'amélioration constante de nos publications. Il nous fera plaisir d'offrir un de nos guides aux auteurs des meilleures contributions. Écrivez-nous à l'adresse qui suit, et indiquez le titre qu'il vous plairait de recevoir (voir la liste à la fin du présent ouvrage).

Éditions Ulysse
4176, rue Saint-Denis
Montréal, Québec
H2W 2M5
http://www.ulysse.ca
guiduly@ulysse.ca

TABLEAU DES SYMBOLES

≡	Air conditionné
☉	Centre de conditionnement physique
ℂ	Cuisinette
pdj	Petit déjeuner inclus dans le prix de la chambre
≈	Piscine
ℜ	Restaurant
bd	Salle de bain avec douche seulement
bp	Salle de bain privée (installations sanitaires complètes dans la chambre)
⇄	Télécopieur
☎	Téléphone
tv	Téléviseur
tlj	Tous les jours
⊗	Ventilateur

CLASSIFICATION DES ATTRAITS

★	Intéressant
★★	Vaut le détour
★★★	À ne pas manquer

CLASSIFICATION DES HÔTELS

Les tarifs mentionnés dans ce guide s'appliquent, sauf indication contraire, à une chambre pour deux personnes en haute saison.

$	moins de 200	pesos
$$	de 200 à 400	pesos
$$$	de 400 à 800	pesos
$$$$	de 800 à 1 500	pesos
$$$$$	plus de 1 500	pesos

CLASSIFICATION DES RESTAURANTS

Les tarifs mentionnés dans ce guide s'appliquent, sauf indication contraire, à un repas pour une personne, excluant les taxes, le service et les boissons.

$	moins de 80	pesos
$$	de 80 à 120	pesos
$$$	de 120 à 200	pesos
$$$$	de 200 à 300	pesos
$$$$$	plus de 300	pesos

Tous les prix mentionnés dans ce guide sont en pesos

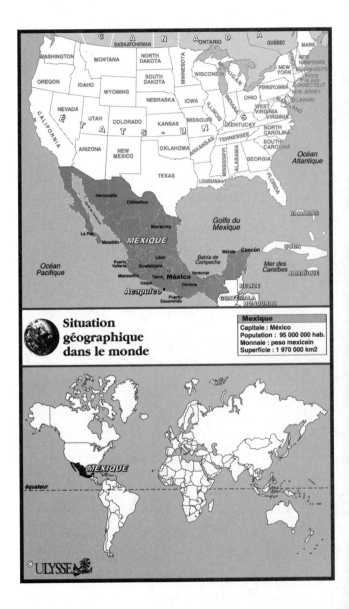

Situation géographique dans le monde

Mexique
Capitale : México
Population : 95 000 000 hab.
Monnaie : peso mexicain
Superficie : 1 970 000 km2

©ULYSSE

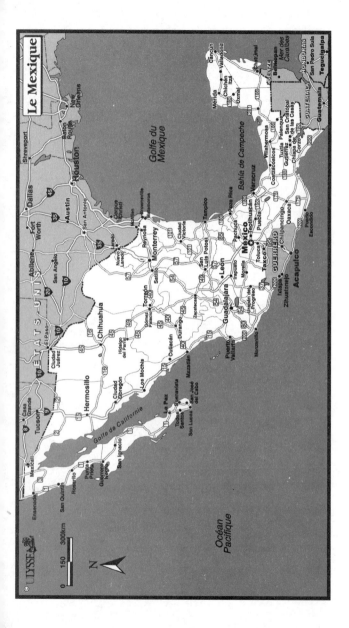

Le Mexique

PORTRAIT

La grandiose baie d'Acapulco, dans l'État de Guerrero, sur la côte du Pacifique, est une destination de choix. Aujourd'hui peuplée de près de 1,5 million d'habitants, la ville d'Acapulco mérite bien son nom de «ville où l'on vit jour et nuit». Le présent chapitre permettra au visiteur de s'initier aussi bien que de se familiariser aux us et coutumes de ce fabuleux pays qu'est le Mexique.

GÉOGRAPHIE

La superficie totale du Mexique est de 1 972 545 km². L'État de Guerrero, dans lequel se trouvent Acapulco et Taxco, est l'un des 31 États du pays. La capitale de cet État est Chipalcinango, une ville possédant peu d'attraits située à mi-chemin entre Acapulco et Taxco. L'État de Guerrero est particulièrement montagneux et constitue une véritable barrière entre la côte du Pacifique et l'*altiplano* où s'étend México, la capitale. Le nom de l'État de Guerrero vient de Vicente Guerrero, lequel lutta dans la guerre d'indépendance du Mexique.

Située par 100° de longitude ouest (vis-à-vis du Texas et du Manitoba) et 17° de latitude nord, Acapulco jouit d'une situation enviable qui lui procure un climat chaud toute l'année.

FAUNE

Malheureusement, le voyageur n'aura pas souvent l'occasion d'observer la faune tropicale à Acapulco. À peine y verra-t-il quelques lézards urbanisés et peut-être un iguane égaré. Et pourtant le Mexique bénéficie d'une faune très diversifiée, comme l'Amérique centrale toute proche d'ailleurs.

FLORE

Grâce à son climat, la région d'Acapulco est envahie par la végétation tropicale, et l'urbanisation à outrance ne l'empêche pas de prospérer. Bien entendu, vous profiterez de cette exubérance jusque sur votre table, où l'on vous servira non seulement du cactus *(nopal)* et de l'avocat, mais aussi de la goyave, de la papaye, de la mangue et même du cacao, dont on fait une sauce pimentée *(mole poblano* ou *mole oxaqueña)* des plus particulières pour accompagner le poulet. Un poulet au chocolat? Pourquoi pas!

POPULATION

Le Mexique compte 95 millions d'habitants. La population a augmenté fortement depuis 1960, alors qu'elle se chiffrait à 60 millions. Cependant, le taux de croissance démographique, qui atteignit des pointes de 3,2 % par année, décline constamment et se situe maintenant à moins de 1,9 % par année. L'explosion démographique des 35 dernières années amène encore sur le marché du travail un grand nombre de jeunes que l'économie absorbe difficilement.

Dans ce contexte, la frontière entre les États-Unis et le Mexique prend toute son importance. Elle mesure plus de 3 000 km, soit la plus longue au monde séparant un pays riche d'un pays du tiers monde. Des millions de Mexicains vivent déjà aux États-Unis, et ils sont des centaines de milliers à y immigrer, légalement et illégalement chaque année. L'accord de libre-échange entre les États-Unis, le Mexique et le Canada (ALENA) avait pour but non avoué d'endiguer ce flot d'immigrants, le gouvernement américain préférant faire converger les économies mexicaines et américaines plutôt que d'investir massivement pour fermer la frontière. Pour la même raison, les États-Unis sont intervenus de manière très importante, avec un prêt de 40 milliards de dollars pour aider le Mexique à sortir de la crise financière de 1995, encore une fois parce que cela permettait d'éviter un afflux massif d'immigrants tout en stabilisant l'économie de cet important client et fournisseur.

La population d'Acapulco, quant à elle, est de 1,5 million d'habitants, ce qui en fait une métropole en plus d'une station balnéaire très fréquentée.

HISTOIRE

On croit aujourd'hui que des hommes ont commencé à franchir le détroit de Béring séparant l'Asie de l'Alaska il y a 50 000 ans, entamant le peuplement de l'Amérique, où l'homme était jusque-là absent. La vitesse de leur progression vers le sud est encore un mystère, mais on a trouvé des traces qui témoignent de la présence de l'homme en sol mexicain il y a 29 000 ans. Plus tard l'agriculture apparut, et, grâce aux surplus alimentaires qu'elle générait, une partie de la population put se consacrer aux recherches scientifiques et technologiques. C'est ainsi qu'on vit apparaître la première civilisation méso-américaine, celle des Olmèques, qui s'épanouit entre l'an 1000 et l'an 350 av. J-C. On les retrouvait surtout sur la côte est du Mexique. Après les Olmèques, le Mexique connut plusieurs civilisations qui laissèrent des traces de leur société, par exemple des temples impressionnants ou des sculptures dramatiques, comme les Zapothèques, les Mixtèques, les Toltèques ou les fameux Mayas, lesquels dominèrent le Yucatán et le Guatemala. On sait que les Mayas avaient pu établir un calendrier très précis et que leurs monuments comportent des références astrogéodésiques très précises, mais qu'ils se livraient aussi à des sacrifices humains pour apaiser les dieux. Cette civilisation déclina rapidement vers l'an 900 de notre ère, probablement à la suite de plusieurs années consécutives de sécheresse. Au moment de l'arrivée des Espagnols, ce sont les Aztèques qui dominent, avec Tenochtitlán pour capitale, l'actuelle México.

L'histoire de la rencontre des Espagnols et des Aztèques a donné lieu à toutes sortes de spéculations, mais une chose est sûre, il s'agit là d'un des moments les plus importants et les plus troublants de l'histoire du monde. Le premier contact entre Mexicains et Espagnols se produisit en 1512, lorsque le prêtre Jerónimo de Águilar et le navigateur Gonzalo Guerrero furent faits prisonniers par les Mayas sur les côtes du Yucatán. Guerrero gagna l'estime de ses ravisseurs, apprit la langue maya et épousa la princesse Zacil. Ils eurent trois fils, qui furent les premiers métis. En 1519, Hernán Cortés, conquistador fougueux, part de Cuba sans autorisation avec une flotte d'une dizaine de bateaux et 500 hommes, libère Águilar, toujours emprisonné sur l'île de Cozumel, et en fait son interprète. De là, Cortés part vers le centre du futur Mexique. Près de l'actuelle Veracruz, il reçoit les émissaires du chef aztèque Moctezuma. Celui-ci considère Cortés et ses compagnons comme les messagers du dieu Quetzalcóatl. Les croyances aztèques annonçaient en effet l'arrivée d'un dieu vers 1519, en provenance de l'est. Les Espagnols sont donc accueillis avec tous les honneurs dans la grande cité de Tenochtitlán, aussi importante sinon plus que les plus grandes villes européennes à l'époque. Ils y séjourneront en toute quiétude pendant plusieurs mois.

Magré cela, les Espagnols se sentent prisonniers, et ils le sont peut-être en fait. Des leaders aztèques auraient fomenté une attaque, et Cortés décide de prendre l'initiative et s'empare de Moctezuma, le gardant en otage. Celui-ci, croyant toujours que Cortés pourrait être le dieu annoncé, tente de faire croire à son peuple qu'il est toujours libre, pour éviter un assaut contre les Espagnols. Ceux-ci commencent leur œuvre de destruction en s'attaquant d'abord aux idoles aztèques.

Pendant ce temps, la couronne d'Espagne envoie une expédition arrêter Cortés. Celui-ci en est informé et se précipite vers Veracruz avec une partie de ses hommes. Il réussit à vaincre l'armée venue l'arrêter et retourne à Tenochtitlán, où le conflit a éclaté. On laisse entrer Cortés, mais pour mieux l'encercler ensuite. Moctezuma, toujours vivant, tente de pacifier le jeu. Il meurt au milieu du champ de bataille, certains affirmant qu'il a été tué par les Espagnols, d'autres par son propre peuple.

Le 30 juin 1520, les Espagnols sont vaincus et quittent la ville. C'est la Noche Triste (nuit triste). Toutefois, ils n'abandonnent pas la partie. Depuis leur arrivée au Mexique, ils ont su s'allier les différentes tribus ennemies des Aztèques. Avec l'aide de ces précieux soutiens, ils construisent patiemment des bateaux en pièces détachées, qu'ils transporteront au-delà des montagnes et mettront à flot sur le lac entourant la capitale. Après trois mois de durs combats, le 13 août 1521, avec leurs alliés amérindiens, ils s'emparent de Tenochtitlán, déjà rasée par les combats.

En 1522, Cortés fait reconstruire la cité. Elle s'appelle désormais México et devient la capitale du Mexique.

Les Espagnols instaurent le système de l'*incomienda*, par lequel les soldats se voient octroyer des terres et des Amérindiens qui doivent les cultiver; en contrepartie, les soldats sont tenus d'évangéliser et de «civiliser» les autochtones. Dans la région d'Acapulco, les Yopes sont en constante rébellion contre les Espagnols, et Gonzalo de Sandoval y est envoyé en 1523 pour les pacifier.

Après des siècles d'oppression, le peuple se soulève enfin en 1810; les rebelles sont composés d'Amérindiens, de métis et de créoles, ces Espagnols nés en territoire mexicain. L'indépendance est acquise, mais ne procure pas la prospérité et la paix espérées. En 1846, une guerre éclate entre le Mexique et les États-Unis. Ceux-ci s'attribuent alors le Texas, le Nouveau-Mexique, l'Arizona et la Californie, moyennant le versement de 15 millions de dollars. Le Mexique perd ainsi tout ce qui se trouve au nord du Río Grande, soit la moitié de son territoire d'alors.

Benito Juárez García, le premier président amérindien du Mexique, dirige le pays à partir de 1858, instituant un programme scolaire et implantant un réseau de chemin de fer. Cependant, la faillite du Mexique le force à suspendre le paiement de la dette, et la France en profite pour intervenir. Pendant trois ans règnent Maximilien d'Autriche et sa femme, Charlotte, de Saxe-Cobourg-Gotha, nommés empereur et impératrice avec l'appui de Napoléon III. Malgré tout, en 1867, Juárez réussit à reprendre le pouvoir et fait fusiller l'empereur.

Arrive ensuite Porfirio Díaz, un général de Juárez qui régnera en dictateur pendant 35 ans. Privé des libertés civiles élémentaires, comme la liberté de presse, le Mexique n'en connaît pas moins une période de paix et de développement économique, jusqu'à ce qu'éclate la révolution en 1910, qui visait à mettre fin à la dictature. Plus d'un million de personnes perdirent la vie durant cette période qui hante encore l'imaginaire collectif

mexicain. De cette révolution émergent deux héros légendai-
res : Pancho Villa, un anarchiste recherchant un pouvoir
personnel, et Emilio Zapata, qui se battait pour la réforme
agraire et pour l'abolition des discriminations. Le mouvement
des Amérindiens du Chiapas se réclame aujourd'hui de ce chef
spirituel et s'autoproclame «zapatiste». La révolution prit fin en
1917, et Madero fut porté au pouvoir. Il rétablit graduellement
les libertés civiles, mais fut renversé et exécuté. Dans cette
période trouble, les chefs furent un à un assassinés. En 1927,
le Partido Revolucionnario Institucional (PRI) est fondé; il prend
le pouvoir et réalise rapidement la réforme agraire. En 1934, il
nationalise l'industrie pétrolière. Depuis lors, il gouverne le
Mexique sans interruption.

Histoire d'Acapulco

C'est en 1532, lors de l'exploration de la côte du Pacifique, que
les conquistadors espagnols découvrent la baie d'Acapulco et
la baptisent «Puerto Marqués». Dans un premier temps, le
modeste port de Puerto Marqués sert de tremplin pour
l'exploration des côtes californiennes et de poste de renfort
pour Pizarro et ses troupes, alors affairées à coloniser le Pérou.
Malgré cela, c'est surtout la découverte de nouvelles routes
maritimes menant en Asie, et plus particulièrement le développement du commerce avec les Philippines, qui assurent le
développement de Puerto Marqués. Au début du XVIIe siècle,
afin de protéger la baie contre les attaques des pirates, les
Espagnols entreprennent l'édification d'un fort imposant, le
Fuerte San Diego, que l'on peut toujours visiter aujourd'hui.
Grâce à celui-ci, et jusqu'à la fin du XVIIIe siècle, de nombreux
navires de la couronne d'Espagne font escale en ces lieux en
toute sécurité pour y déposer leurs précieuses marchandises en
provenance d'Asie. Ces dernières sont alors acheminées par
voie terrestre jusqu'à Puerto Veracruz, où d'autres navires
partent rejoindre la mère patrie. Après la période coloniale,
cependant, le petit port sombre dans l'oubli et la stagnation, et
ce n'est qu'à l'aube du XXe siècle que la baie d'Acapulco
suscite un regain d'intérêt. Cette fois, c'est la beauté de son
site, alliée à son emplacement idéal, pas trop loin de México,
qui lui assure ce renouveau. Désireuse d'échapper aux vicissitu-
des de la capitale, l'élite du pays envahit en effet progressivement l'endroit, et la baie se transforme lentement en station
balnéaire par excellence. En 1927, la construction d'une route

reliant directement la capitale de l'État de Guerrero à México scelle définitivement sa nouvelle vocation et accélère son développement. Enfin, ultime étape de sa célébrité, entre les années trente et soixante, un nombre impressionnant de personnalités de tout ordre (stars, hommes d'État, écrivains, millionnaires, etc.) défilent sur les lieux et succombent littéralement à son charme. La «perle du Pacifique», comme la surnomment alors les médias, naît aux yeux du monde et devient synonyme de paradis terrestre. Malgré l'apparition de nouveaux édens un peu partout à travers le Mexique, Acapulco reste encore aujourd'hui un nom qui fait rêver de nombreux voyageurs en quête d'exotisme et de plaisir. Ainsi, environ 4 millions de visiteurs, dont la moitié en provenance de l'étranger, fréquentent chaque année la «belle du Pacifique».

POLITIQUE

Le Mexique est une démocratie sur papier, mais, en pratique, les citoyens, dans leur immense majorité, ne se sentent pas en contrôle de leur destinée et de leur gouvernement. Au moment de la révolution de 1929, le Parti révolutionnaire institutionnel (PRI) a pris le pouvoir et l'a gardé depuis, créant ainsi une véritable dictature de parti, à tel point que les soubresauts récents de l'histoire mexicaine, comme l'assassinat en 1995 du candidat du PRI à la présidence, Luis Donaldo Colosio, et quelques mois plus tard du secrétaire général du même parti, Francisco Ruíz Massieu, sont plus le fait de bagarres entre les différentes factions du PRI qu'entre les différents partis politiques. Mais les tiers partis progressent rapidement, surtout le Parti de la révolution démocratique (PRD) que dirige Cuauhtémoc Cárdenas, nouveau maire de México et candidat probable à la présidence en l'an 2000. L'autre parti d'opposition, le Parti d'action nationale (PAN), est si bien contrôlé par l'église catholique que ses dirigeants tentent de fermer les bars gays de Guadalajara, la seconde ville du pays. Lors des élections de juillet 1997, le PRI n'a obtenu que 38,7 % des voix, alors que le PAN obtenait 27 % et le PRD 25,6 % (16,6 % en 1994). Le Mexique peut donc espérer une démocratisation de la vie politique et un grand nettoyage de la corruption. Les projecteurs de la presse internationale, braqués sur le Mexique depuis quelques années, pourraient bien y contribuer d'une manière substantielle.

C'est dans l'État de Guerrero, où se trouve Acapulco, qu'a eu lieu l'assassinat par l'armée de 17 paysans (le 28 juin 1995), ce qui a provoqué la démission du gouverneur, lequel cherchait à camoufler le rôle des soldats dans cette page sombre de la lutte de la paysannerie contre le pouvoir. Une sourde révolte gronde au sein des paysans de même que chez les Amérindiens, deux groupes défavorisés de la société mexicaine qui ont perdu confiance dans le système politique et qui sont malheureusement amenés à utiliser la violence dans l'espoir de faire changer les choses. Les événements de 1994, dans l'État de Chiapas, ont cependant réussi à imposer à la classe politique une sérieuse révision de ses pratiques.

ÉCONOMIE

Les années soixante-dix voient croître l'économie mexicaine de façon importante, à la faveur de nouvelles découvertes pétrolières et de l'explosion du prix du baril de pétrole consécutive aux accords de l'Organisation des pays exportateurs de pétrole (OPEP). Les réserves mexicaines seraient de 60 milliards de barils. Cependant, au début des années quatre-vingt, c'est le désenchantement. Le prix du baril de pétrole tombe, et il ne devient plus rentable d'exploiter un certain nombre de gisements. L'exportation du pétrole ne rapporte plus autant, et, comme le Mexique n'a pas su diversifier son économie, il subit alors une grave crise. Comme toujours dans le passé, le secteur touristique sert de bouée de sauvetage, le peso affaibli attirant une plus grande quantité de visiteurs qui apportent leurs devises. Le secteur manufacturier fait aussi sa part. Il est principalement constitué par des sous-traitants qui font affaire avec de grandes entreprises américaines; celles-ci, lorsque le cours du peso est bas, trouvent avantage à faire produire leurs biens au Mexique, d'une manière souvent inefficace mais à bas prix.

Malheureusement, cette décennie des années quatre-vingt voit non pas la diminution du protectionnisme, comme un peu partout sur la planète, mais plutôt son renforcement, avec la nationalisation des banques par exemple. Le gouvernement fige ainsi le Mexique dans des productions souvent inefficaces (on y fabrique encore la «coccinelle» de VW, vendue au Mexique grâce à de formidables barrières empêchant les voitures importées d'entrer, au lieu de développer des autos modernes et efficaces); les ordinateurs, dont aurait tant besoin le pays pour se moderniser, sont importés, donc taxés à outrance, ce qui fait que leur utilisation est très limitée. Le gouvernement subventionne des productions agricoles qui n'ont que peu de rendement, mobilisant ainsi une main-d'œuvre qui aurait mieux servie à autre chose. Coupé des grands courants mondiaux de modernisation technologiques, le Mexique ne peut que reculer, d'autant plus que, sur les marchés mondiaux, la valeur des ressources premières régresse. Le Mexique a beau être le plus grand producteur d'argent au monde, l'économie mondiale change de paradigme et se fonde maintenant sur la valeur ajoutée, l'expertise, la créativité et l'information.

Or, c'est dans ce contexte que Carlos Salinas de Gortari négocie l'accord de libre-échange, tournant ainsi le dos à des années de protectionnisme. Le Mexique va donc se réveiller du jour au lendemain au centre d'un marché nord-américain ouvert, pour lequel il n'a pas été préparé. Les subventions aux productions agricoles inefficaces vont diminuer, en vertu de l'accord de libre-échange, ce qui va créer subitement des centaines de milliers de chômeurs, sans que n'aient été mises en place des mesures de transition. Les Mexicains auront accès instantanément à des milliers de produits moins chers en provenance des États-Unis, alors que ces produits étaient auparavant lourdement taxés. Ils achèteront donc massivement des produits d'importation. Pendant ce temps, les avantages naturels du Mexique n'ont pas été assez rapidement, et des années de protectionnisme ont fait perdre de vue ce qu'étaient réellement ces avantages naturels. Alors, l'inévitable se produit, la balance commerciale est brusquement déséquilibrée, le peso chute de manière drastique, et le gouvernement ne peut plus faire face à ses obligations envers ses créanciers.

Ce n'est pas le libre-échange qui est à blâmer ici pour cette crise, mais plutôt le manque de préparation pour passer d'une situation de protectionnisme à outrance à une situation de pleine participation à l'économie mondiale.

Comme on l'a vu plus haut, les États-Unis ont choisi de signer l'accord de libre-échange avec le Mexique (ALENA) entre autres pour contenir le flux des immigrants. Il faut dire aussi que la croissance des exportations américaines est beaucoup plus importante vers les pays en voie de développement, comme le Mexique, et que, pour se maintenir, cette croissance des exportations a besoin d'une stabilité économique des pays du tiers monde. Cela justifiait aussi l'intervention financière des États-Unis par le biais d'un prêt de 40 milliards de dollars consenti au Mexique en 1995.

Évidemment, au niveau touristique, cette crise de 1995 a de nouveau provoqué une croissance importante, les voyageurs nord-américains mais aussi européens profitant du soleil à bon marché. Fin 1995, le Mexique offrait alors un des meilleurs rapports qualité/prix de la planète en terme de vacances au soleil.

Pendant toute l'année 1996, l'inflation, qui se situait autour de 20 %, allait modifier quelque peu cette conjoncture, mais le Mexique reste encore aujourd'hui très avantageux pour les voyageurs. Du côté de l'emploi, le bilan s'est graduellement amélioré. Petit à petit, le Mexique augmente ses exportations : on trouve par exemple beaucoup plus de meubles et d'objets de décoration sur le marché canadien en provenance du Mexique. Les produits alimentaires trouvent des débouchés partout en Amérique du Nord, et même en Europe. Des complexes industriels s'implantent dans le nord du Mexique pour desservir le riche marché en croissance du sud des États-Unis.

MUSIQUE

Malgré la présence toute proche du géant américain, avec ses réseaux de télé qui inondent le pays et son contrôle de la distribution des disques, le Mexique résiste et consomme toujours plus de musique latino-américaine. Il développe même une industrie de vedettes, qu'il exporte aux États-Unis. Voilà quelque chose de remarquable, qui témoigne de l'extraordinaire vitalité de la culture latino-américaine. Malgré l'évidente américanisation de la société mexicaine, il reste que, sur les ondes de la radio mexicaine, on entend une plus faible proportion de musique américaine au Mexique qu'au Canada ou en France!

Le Mexique a ses vedettes de l'heure, comme Monica Narango ou Ana Gabriel, mais il aime toujours ses vedettes du passé, comme Chelo Silva ou Javier Solis, et, contrairement à ce qui se passe en Amérique du Nord, on peut toujours entendre les succès des années soixante et soixante-dix au Mexique. La mode rétro semble avoir toujours eu la cote d'amour ici. Il y a peut-être là une caractéristique de société, un attachement plus fort à son passé que dans les cultures du Nord.

Nous vous invitons à vous plonger dans la culture latino-américaine et à faire provision de disques souvent difficiles à trouver dans votre pays. Vous pourrez ainsi prolonger chez vous l'atmosphère de vos vacances et entretenir votre connaissance de l'espagnol. La maison Ediciones Pentagrama publie les disques de plusieurs artistes engagés ainsi que d'interprètes qui défendent les couleurs des folklores régionaux.

Parmi les chanteurs mexicains que vous entendrez fréquemment sur place et dont vous pourrez trouver les disques dans les magasins, nous vous mentionnons les noms de quelques-uns qui occupent une place à part au panthéon de la musique nationale.

Oscar Chávez : cet artiste engagé fait carrière depuis 40 ans, toujours prêt à défendre les causes sociales et à dénoncer la corruption. Ses chansons, dont les musiques puisent abondamment dans les traditions mexicaines, constituent souvent de véritables caricatures du pouvoir politique.

Selena : chanteuse assassinée il y a quelques années au Texas par une de ses ex-amantes, Selena avait réussi à faire carrière aux États-Unis, où elle était devenue l'idole de la communauté latino-américaine. Ses frères et sœurs constituaient en partie son orchestre et composaient certaines de ses chansons. Sa disparition tragique a créé sa légende, et l'on peut penser qu'on n'a pas fini d'en entendre parler. Des livres racontent déjà sa vie.

Juan Gabriel : ce chanteur mexicain très populaire a touché à tous les styles, du rock au *mariachi*. Il démontre un talent indéniable de compositeur, créant de toutes pièces des chansons qui s'intègrent parfaitement au fonds folklorique mexicain.

Linda Rondstat : née de père mexicain mais vivant au Texas, Linda Rondstat a contribué à la renaissance du folklore mexicain auprès d'un public américain qui se sent toujours proche de cette culture du Sud. Elle compte à son actif deux disques en espagnol qui mettent en vedette le style *ranchera*.

Chelo Silva : vedette dès les années cinquante, Chelo Silva raconte un Mexique plein de gouaille toujours évocateur.

Grupo i : dans les discothèques que nous vous proposons, vous entendrez souvent des enchaînements musicaux produits par des groupes, à moins que vous ayez la chance d'avoir les musiciens avec vous, comme au Tropicana (voir p 113). La mode de ces groupes tropicaux (*banda musica*) a fleuri au début des années quatre-vingt-dix, et ils amusent toujours les noctambules. Grupo i est un de ces groupes qu'on entend souvent. Il a produit jusqu'ici neuf disques dans la série Tropirollo, des «rouleaux» tropicaux de huit ou neuf chansons mises bout à bout.

Vicky Carr : peut-être la «découvrirez-vous» au hasard d'un spectacle de travestis. Avec Chelo Silva, elle est un des personnages le plus souvent imités (mais peut-être verrez-vous aussi Céline Dion ou Dalida!). Son disque *Recuerdo a Javier Solis* reprend les meilleures chansons de ce compositeur des années soixante, qu'elle interprète magnifiquement de sa voix riche et profonde.

Parmi les autres chanteurs (plus souvent chanteuses) que vous entendrez fréquemment, mentionnons **Monica Naranjo**, **Ana Gabriel**, **Yuri**, **Shakira** et **Laura León**.

Voici par ailleurs quelques-uns des styles musicaux rencontrés au Mexique.

Ranchera : voilà probablement le style que les Nord-Américains associent le plus au Mexique traditionnel, avec ses cris passionnés ainsi que ses *aïe, aïe, aïe,* sa mélancolie et son fatalisme. Vicente Fernández est sans doute le plus populaire des chanteurs *rancheros*.

Cumbia mexicana : originaire de Colombie, la *cumbia* est probablement le style le plus typique de la musique latino-américaine, avec son rythme chaud et syncopé.

Norteño : ce style du nord du Mexique se caractérise par l'emploi de l'accordéon et par une façon nasillarde de chanter.

Mariachi : originaires de l'État de Jalisco, où se trouve Puerto Vallarta, les groupes de *mariachis* sont devenus des ensemble de 6 à 10 musiciens utilisant le violon, la guitare et la trompette. Ils sont généralement rémunérés à la chanson.

Banda : au cours des 10 dernières années, on a vu se développer un style qui emprunte entre autres au *norteño* et à la *cumbia*, et qui tend à favoriser l'utilisation des cuivres.

LITTÉRATURE

Typiquement latino-américaine, la littérature mexicaine est à la fois surréaliste et très terre-à-terre. Voici quelques auteurs dont vous découvrirez avec plaisir les œuvres traduites en français.

Octavio Paz : ce Prix Nobel de la littérature (1990) peut être considéré comme l'auteur mexicain le plus important du XXe siècle. Parmi son œuvre poétique, toujours en lutte pour des valeurs supérieures et contre les pressions de la politique contemporaine, mentionnons *El laberinto de la soledad* (1950, Le labyrinthe de la solitude), une étude à tendance psychoanalytique de la personnalité mexicaine explorant tout à la fois l'amour, la mort, les relations américano-mexicaines et le machisme. Ambassadeur du Mexique en Inde, il a pu écrire plusieurs œuvres qui analysent les convergences et les différences entre l'Est et l'Ouest, entre le Mexique et l'Inde, comme *Conjunciones y disjunciones* (1969).

Carlos Fuente : ambassadeur du Mexique à Paris de 1975 à 1978, Carlos Fuentes est probablement l'auteur mexicain le plus cosmopolite. Son œuvre entière est consacrée à la recherche de la véritable identité mexicaine, à travers une description de la société dans un style «balzacien». *Cristóbal nonato*, une de ses œuvres récentes, fait naître son personnage principale sur la plage d'Acapulco en 1999.

Alberto Ruy Sánchez : auteur né en 1951 et dont certaines des œuvres ont été traduites en français (Gallimard), Alberto Ruy Sánchez est aussi directeur des éditions Artes de Mexico, qui publient des beaux livres sur le Mexique ainsi qu'un magazine littéraire. L'œuvre de cet auteur prolifique mêle habilement la poésie et l'action.

PEINTURE ET CÉRAMIQUE

À Acapulco, vous aurez peut-être la chance d'admirer les tableaux de Cristina Rubalcava. Plusieurs décorent les chambres de l'hôtel Elcano (voir p 86). Ses toiles, toutes empreintes de poésie et d'humanisme, chantent les légendes mexicaines et mettent en valeur sa population.

Vous pourrez aussi découvrir l'œuvre de la céramiste Emilia Castillo, que ce soit à Taxco, dans sa boutique (voir p 156), ou à Acapulco (voir p 117).

Cristina Rubalcava

Née à México en 1943, Cristina Rubalcava travaille et vit à Paris depuis les années soixante-dix. Après diverses expositions dans le monde, la peintre se voit confier par l'hôtel Elcano la réalisation d'une série de tableaux et lithographies destinés à personnaliser les lieux. Ainsi, tout en s'inspirant des années cinquante, l'artiste va allégrement mélanger dans ces œuvres divers éléments caractéristiques de la baie d'Acapulco, le tout dans un style proche de la peinture naïve. Ainsi, sur un de ces tableaux, elle laisse paraître d'innombrables palmiers, des pistes de danse improvisées à même la plage, des orchestres, une Vierge de la Guadelupe et des *clavadistas* effectuant leurs sauts périlleux, le tout sur un fond de mer grouillant d'une exubérante faune marine. Pour donner un rythme à ce décor tout en mouvement, elle a ajouté par-ci par-là des extraits de chansons populaires.

RENSEIGNEMENTS GÉNÉRAUX

 e présent chapitre a pour but de vous aider à préparer votre voyage à Acapulco. De plus, vous y trouverez des renseignements touristiques et des conseils pratiques visant à vous familiariser avec les habitudes locales.

FORMALITÉS D'ENTRÉE

Le passeport

Pour entrer au Mexique, les voyageurs doivent posséder un passeport valide. Bien qu'un certificat de naissance ou une carte d'identité avec photo ainsi que la possession d'un billet de retour suffisent pour les citoyens américains et canadiens, il est préférable de voyager avec son passeport. C'est le document de voyage le plus pratique, celui qui occasionne le moins de soucis. En règle générale, il est souhaitable que l'échéance de votre passeport excède d'au moins trois mois la date de votre départ. Dans le cas contraire, une preuve de fonds suffisants pourrait être exigée ou, le cas échéant, un billet de retour. Pour la plupart des citoyens de l'Europe de l'Ouest ainsi que pour les Canadiens et les Américains, aucun visa n'est exigé. Pour les autres citoyens, il est conseillé de s'informer auprès du consulat le plus proche. Étant donné que les conditions d'accès au pays peuvent changer rapidement, il est prudent de les vérifier avant votre départ.

Il est recommandé de conserver une photocopie des pages principales de son passeport ainsi que d'en noter le numéro et la date d'émission. Dans l'éventualité où ce document serait perdu ou volé, il vous sera alors plus facile de vous en procurer un autre. Lorsqu'un tel incident survient, il faut s'adresser à l'ambassade ou au consulat de son pays (pour les adresses, voir plus loin) pour faire délivrer à nouveau un document équivalent.

L'accès du territoire aux mineurs

Au Mexique, tous les individus de moins de 18 ans ont le statut de mineur. Les jeunes voyageurs de moins de 18 ans devront donc avoir en leur possession les pièces justificatives nécessaires pour entrer au pays. Ils devront fournir un document notarié ou certifié (juge de paix ou commissaire à l'assermentation), et ledit formulaire devra comporter la signature de chacun des deux parents ou, le cas échéant, de celle des deux tuteurs officiels afin de démontrer clairement leur consentement.

Un mineur accompagné d'un seul de ses parents devra fournir sur demande un document — également notarié ou certifié — prouvant le consentement de l'autre parent et dûment signé par celui-ci.

Si un mineur voyage en compagnie d'un seul parent parce que l'autre parent est décédé ou tout simplement qu'il n'a qu'un seul parent reconnu légalement, ce mineur doit à cet effet être en possession d'une déclaration notariée ou certifiée par un juge de paix ou un commissaire à l'assermentation.

Les transporteurs aériens exigent que les adultes venus accueillir des mineurs non accompagnés de leurs parents ou d'un tuteur leur révèlent leur adresse et leur numéro de téléphone.

Le formulaire de déclaration en douane
et la carte de tourisme

Un formulaire de déclaration en douane vous sera remis dans l'avion par les agents de bord. Celui-ci doit être obligatoirement rempli avant votre arrivée au Mexique. Lors de votre passage à la douane, un feuillet sur lequel figure votre date d'entrée vous sera remis gratuitement. Ce document permet à son détenteur de visiter le pays, et il est donc conseillé de le conserver sur soi durant toute la durée de son voyage. En outre, sachez qu'il s'agit d'un document important **qu'il vous faudra obligatoirement remettre à l'immigration mexicaine lors de votre sortie du pays.** Comme pour le passeport, il est conseillé de noter à part le numéro inscrit sur la carte de touriste, limitant ainsi les ennuis en cas de perte du document.

La taxe d'aéroport

Une taxe d'environ 13,37 $US par passager s'applique à toute personne qui quitte le Mexique, mais, dans la grande majorité des cas, cette taxe est incluse dans le prix du billet d'avion.

La douane

On peut entrer au pays avec en sa possession 3 l de boissons alcoolisées, 400 cigarettes et des articles de parfumerie en quantité raisonnable pour son usage personnel. Il est bien sûr interdit d'importer de la drogue et des armes à feu. Pour les médicaments prescrits personnellement, il est prudent d'emporter l'ordonnance du médecin.

L'ENTRÉE AU PAYS

Par avion

Du Canada

Pendant la saison hivernale, plusieurs compagnies aériennes organisent des vols nolisés sans escale à destination d'Acapulco au départ de la plupart des grandes villes canadiennes. En plus de ces possibilités, il existe des vols avec correspondance dans plusieurs villes des États-Unis.

Ainsi, Air Transat, Canada 3000 et Royal proposent de nombreux vols nolisés sans escale durant la saison hivernale au départ des villes de Montréal, Toronto et Vancouver. Canadian Airlines, pour sa part, a un vol saisonnier pour México, d'où vous pourrez prendre un des nombreux vols intérieurs reliant la capitale à Acapulco. Air Canada et Continental programment ensemble un vol pour Acapulco via Houston. Ces vols réguliers procurent un meilleur confort, une plus grande flexibilité et la possibilité d'accumuler des points en vue de voyages gratuits (*Air Miles*). Enfin, Mexicana prévoit un vol Montréal-México en ligne régulière, avec possibilité de poursuivre son voyage jusqu'à Acapulco.

D'Europe

Selon la saison et la disponibilité des avions, il peut s'avérer plus économique pour les Européens de prendre un des nombreux vols en direction des États-Unis (Houston, Miami ou New York) et, de là, de rejoindre Acapulco avec un des vols nolisés qui y sont organisés.

De France : à ce jour, il n'existe pas de vol sans escale à destination d'Acapulco. Aeromexico propose un vol avec escale à México, au départ de Paris. Air France, pour sa part, assure plusieurs vols par semaine à destination de México, d'où vous pourrez atteindre Acapulco. Il est également possible d'opter pour Air France jusqu'à Houston, puis de prendre la correspondance avec Continental pour Acapulco.

De Belgique, de Suisse et du Luxembourg : il n'existe pas de liaisons aériennes directes entre Acapulco et ces pays. Les Belges et les Suisses devront donc transiter par la France ou l'Espagne, ou encore, en formule nettement plus économique, c'est-à-dire de se rendre aux États-Unis afin d'y prendre un des nombreux vols nolisés à destination d'Acapulco.

D'Espagne : les compagnies aériennes Aeromexico et Iberia proposent des vols réguliers Madrid-México, d'où vous pourrez rejoindre facilement Acapulco.

Des Pays-Bas : bien que KLM organise un vol régulier à destination de México, ici aussi il peut s'avérer plus avantageux de transiter par les États-Unis.

D'Allemagne : la compagnie aérienne Lufthansa programme un vol régulier entre la ville de Francfort et México.

D'Angleterre : la compagnie aérienne British Airways assure un vol régulier entre les villes de Londres et de Newcastle et México.

Des États-Unis

Il existe une multitude de vols quotidiens entre le Mexique et les États-Unis. American Airlines, Aeromexico, Mexicana et bien d'autres compagnies aériennes encore effectuent des liaisons directes avec Acapulco, soit sans escale, soit avec escale à México. Durant la saison hivernale, vous n'aurez aucun mal à trouver des billets à prix particulièrement avantageux.

L'aéroport international Juan N. Alvarez

L'aéroport international Juan N. Alvarez se situe à 23 km du centre-ville, sur une fine bande de terre coincée entre l'océan et l'immense lagune Tres Palos. Dans l'aérogare, vous trouverez deux sections : l'une réservée aux vols internationaux, l'autre à l'arrivées des vols intérieurs. Cette dernière s'étend sur deux niveaux. Au rez-de-chaussée, vous trouverez les comptoirs des compagnies aériennes et des agences de location de voitures, un bureau de change, les services postaux, les téléphones publics et deux guichets automatiques (cartes Visa, Master

Card et Cirrus Plus acceptées). L'étage, quant à lui, comporte quelques boutiques, des kiosques à journaux, un restaurant et deux casse-croûte.

Comme dans tous les aéroports internationaux au Mexique, à l'aéroport international Juan N. Alvarez, le voyageur qui se présente aux douaniers est prié d'actionner un signal lumineux : de couleur verte, il donne le libre passage, mais, de couleur rouge, il indique que le voyageur devra se soumettre aux fouilles d'usage.

Dernière petite faim

Si vos intestins gargouillent avant votre départ, rendez-vous à l'étage, où vous trouverez le petit casse-croûte **Snack Aca**. Dans ce restaurant plus économique que celui de l'aéroport, vous pourrez déguster une dernière *comida corrida* pour la modique somme de 28 pesos.

Derniers achats

Pour les cadeaux de dernière minute, la boutique **Mussfeldt Design**, située à l'étage, dispose d'un bon choix de t-shirts aux coloris agréables. N'oubliez pas que vous êtes à l'aéroport cependant; attendez vous donc à payer la coquette somme de 95 pesos pour chaque t-shirt. Pour ceux qui en veulent plus, les boutiques hors taxes se trouvent au rez-de-chaussée, après le passage de la douane bien sûr.

Pour se rendre de l'aéroport au centre-ville, voir p61.

AMBASSADES ET CONSULATS

Les ambassades et consulats peuvent fournir une aide pré-cieuse aux visiteurs qui se trouvent en difficulté (par exemple en cas d'accident ou de perte du passeport). Toutefois, seuls les cas urgents sont traités. Notez que les coûts relatifs à ces services ne sont pas défrayés par les missions diplomatiques. Vous trouverez ci-dessous quelques adresses d'ambassades et de consulats établis à Acapulco ainsi que dans la capitale fédérale, México. Taxco ne possède ni consulat ni ambassade.

Belgique
Il n'y a pas de consulat belge à Acapulco; il faut donc s'adresser à la représentation diplomatique belge à México.

Ambassade de Belgique
Avenida Alfredo de Musset, n° 41
Colonia Polanco
11550 - México, D.F.
☎ (5) 280-0758
₪ (5) 280-0208

Canada
Consulat du Canada
Plaza Marbella (près du restaurant La Petite Belgique)
lun-ven 9 h à 17 h
☎ 84-13-05
₪ 84-13-06
Appels d'urgence à México sans frais ☎ 91-800-70-629

États-Unis
Consulat des États-Unis d'Amérique
Hotel Club del Sol, Mezzanine-local, n° 8
☎ 85-72-07
₪ 83-19-69

Espagne
Consulat d'Espagne
Av. Cuauhtémoc y Universidad, n° 2
☎ 86-72-05, 86-24-91 ou 86-24-66
₪ 84-48-56

France
Consulat de France
Av. Costa Grande, n° 235
☎ 82-12-29
₪ 82-33-94

Italie
Consulat d'Italie
Av. Gran Vía Tropical, n° 615-B
☎ 83-38-75 ou 82-48-55
₪ 81-25-33

Suisse
Consulat de Suisse
Av. Insurgentes, n° 2-4
Fracc. Hornos Insurgentes
☎ 85-29-35
⇆ 85-29-36

Luxembourg
Il n'y a pas de consulat luxembourgeois à Acapulco. Il faut
s'adresser à la représentation diplomatique du Grand-Duché de
Luxembourg, à México.

Grand-Duché de Luxembourg
Privada Maderos, n° 88
Lomas Altas
Delegación Miguel Hidalgo
11950 - México, D.F.
☎ (5) 570-0374
⇆ (5) 570-0924

Allemagne
Consulat d'Allemagne
Antón de Alaminos, n° 46
Fracc. Costa Azul
☎ 84-74-37
⇆ 84-38-10

Hollande
Consulat des Pays-Bas
Hotel El Presidente
C. Del Ciruelo, n° 13, D-4
Fracc. Hornos Insurgentes
☎ 84-17-00, ext. 17

Grande-Bretagne
Consulat de Grande-Bretagne
Hotel Las Brisas
☎ 84-66-05, 84-16-50 ou 84-22-69
⇆ 81-21-58

Panamá
Consulado de Panamá
Ignacio de la Llave, n° 2
Edificio Oviedo, Despacho 26
☎ 82-32-59
≈ 82-74-88

Norvège
Consulat de Norvège
C. Juan de Dios Bonilla, n° 27
Fracc. Costa Azul
☎ 84-35-25
≈ 84-35-25

Les ambassades et consulats du Mexique à l'étranger

Belgique
Ambassade du Mexique
164, chaussée de la Hulpe
1er étage
1170 - Bruxelles
☎ (32-2) 676-0711
≈ (32-2) 676-9312

Canada
Ambassade du Mexique
45, rue O'Connor
Bureau 1500
Ottawa, Ont.
K1P 1A4
☎ (613) 233-8988 ou 233-9572
≈ (613) 235-9123

Montréal
Consulat général du Mexique
2000, rue Mansfield
Bureau 1015
10e étage
Montréal (Québec)
H3A 2Z7
☎ (514) 288-2502
≈ (514) 288-8287

Toronto
Consulat général du Mexique
Commerce Court West
99, Bay Street
Toronto, Ont.
M5L 1E9
☎ (416) 368-2875
⇋ (416) 368-3478

Québec
Consulat honoraire
Mme Madeleine Therrien
☎ (418) 681-3192

France
Ambassade du Mexique
9, rue de Longchamp
75116 - Paris
☎ 01-44-53-99-34
⇋ 01-47-55-65-29

Suisse
Ambassade du Mexique
Bernastrasse, n° 57
3005 - Berne
☎ 351-1875
⇋ 351-3492

États-Unis
Ambassade du Mexique
1911, Pennsylvania Avenue N.W.
20006 - Washington, D.C.
☎ (202) 728-1633
⇋ (202) 728-1698

Louisiane
Consulat général du Mexique
World Trade Centre Building
2, rue du Canal
Bureau 840
70130 - La Nouvelle-Orléans
☎ (504) 522-4601 ou 522-3608
⇋ (504) 525-2332

RENSEIGNEMENTS TOURISTIQUES

Divers offices de tourisme sont établis à l'extérieur du Mexique.
Voici quelques-uns d'entre eux :

Canada

Montréal
1, Place Ville-Marie
Bureau 1526
Montréal (Québec)
H3B 3M9
☎ (514) 871-1052
⇌ (514) 871-3825

Toronto
2, Bloor Street West
Suite 1801
Toronto, Ont.
M4W 3E2
☎ (416) 925-0704, 925-2753 ou 925-1876
⇌ (416) 925-6061

France
4, rue Notre-Dame-des-Victoires
75002 - Paris
☎ 01-40-20-07-34 ou 01-42-61-51-80
⇌ 01-42-86-05-80

Espagne
Calle Velázquez, n° 126
28006 - Madrid
☎ (1) 261-3520 ou 261-1827
⇌ (1) 411-0759

Italie
Via Barberini, n° 23
00187 - Rome
☎ (6) 25-3413 ou 25-3541
⇌ (6) 25-3755

LA SANTÉ

Le Mexique est un superbe pays à découvrir. Malheureusement, les visiteurs peuvent y attraper certaines maladies comme la malaria, la typhoïde, la diphtérie, le tétanos, la polio ainsi que l'hépatite A et B. Rares sont les cas où les visiteurs contractent de telles infections, mais ces désagréments peuvent se présenter à l'occasion. Aussi est-il recommandé, avant de partir, de consulter un médecin qui vous conseillera sur les mesures à prendre. N'oubliez pas qu'il est bien plus simple de se protéger de ces maladies que de les guérir. Il est donc utile de prendre les médicaments, les vaccins et les précautions nécessaires afin d'éviter des ennuis d'ordre médical susceptibles de s'aggraver. Si toutefois la consultation d'un médecin s'avérait nécessaire, sachez que la plupart des grands hôtels dispose d'un cabinet médical au sein de l'établissement même. Dans le cas contraire, le personnel ou les agents touristiques travaillant sur place pourront vous aider à en trouver un. Nous vous donnons les coordonnées de quelques hôpitaux dans la section «Renseignements pratiques» de chaque chapitre.

Les maladies

Des cas de maladies telles que l'hépatite A et B, le sida et d'autres maladies vénériennes ont été rapportés; il est donc sage d'être prudent à cet égard. Il existe maintenant des vaccins efficaces contre l'hépatite A et B.

Les nappes d'eau douce sont fréquemment contaminées par l'organisme causant la bilharziose. Cette maladie, provoquée par un ver qui s'infiltre dans le corps pour s'attaquer au foie et au système nerveux, est difficile à traiter. Il faut donc éviter de se baigner dans toute nappe d'eau douce.

N'oubliez pas non plus qu'une trop grande consommation d'alcool peut causer des malaises, particulièrement lorsqu'elle s'accompagne d'une trop longue exposition au soleil. Elle peut aussi entraîner une certaine déshydratation.

L'eau courante à Acapulco et à Taxco n'est pas purifiée; il est donc vivement recommandé de ne boire que de l'eau embouteillée.

Les malaises que vous risquez le plus d'avoir sont causés par une eau mal traitée, susceptible de contenir des bactéries provoquant certains problèmes comme des troubles digestifs, de la diarrhée ou de la fièvre. Il est donc préférable d'éviter d'en consommer. L'eau en bouteille, que vous pouvez acheter partout, représente la meilleure solution pour éviter ces ennuis. Lorsque vous achetez l'une de ces bouteilles, vérifiez toujours qu'elle soit bien scellée. À Acapulco, seuls quelques hôtels disposent d'un système de purification d'eau; dans la grande majorité d'entre eux, il est donc conseillé de s'abstenir de boire de l'eau du robinet. Les fruits et les légumes nettoyés à l'eau courante (ceux qui ne sont donc pas pelés avant d'être consommés) peuvent causer les mêmes désagréments. Aussi conviendra-t-il de redoubler de prudence dans les restaurants pour petits budgets, ces derniers n'ayant pas toujours l'équipement adéquat pour assurer une bonne hygiène; la même attention s'applique aux petits comptoirs de rue et aux vendeurs de denrées sur la plage (particulièrement de brochettes et de poissons grillés). En ce qui concerne les produits laitiers à Acapulco et à Taxco, vous pourrez en consommer en toute sécurité.

Dans l'éventualité où vous auriez la diarrhée, diverses méthodes peuvent être utilisées pour la traiter. Tentez de calmer vos intestins en ne mangeant rien de solide, et évitez les produits laitiers. La déshydratation pouvant être dangereuse, il faut boire beaucoup. Pour remédier à une déshydratation sévère, il est bon d'absorber une solution contenant un litre d'eau, de deux à trois cuillerées à thé de sel et une de sucre. Vous trouverez également des préparations toutes faites dans la plupart des pharmacies. Par la suite, réadaptez-vous progressivement en ne mangeant que des aliments faciles à digérer. Certains médicaments peuvent aider à contrôler les problèmes intestinaux. Dans les cas où les symptômes sont plus graves (diarrhée importante accompagnée de forte fièvre), un antibiotique peut s'avérer nécessaire. Il est alors préférable de consulter un médecin.

La nourriture et le climat peuvent également être la cause de divers malaises. Une certaine vigilance s'impose quant à la fraîcheur des aliments (en l'occurrence la viande et le poisson) et à la propreté des lieux où les denrées sont apprêtées. Une bonne hygiène (entre autres, se laver fréquemment les mains) vous aidera à éviter bon nombre de ces désagréments.

Les insectes

Les désagréments engendrés par les insectes, peu nombreux à Acapulco et à Taxco, se limitent la plupart du temps à quelques piqûres de moustiques. Dans le but de minimiser les risques d'être piqué, couvrez-vous bien en soirée (c'est à ce moment qu'ils deviennent plus actifs), évitez de vous parfumer, portez des vêtements de couleur claire (ils semblent éloigner les moustiques, paraît-il) et munissez-vous d'un bon insectifuge. Il est également conseillé d'apporter des pommades pour calmer les irritations causées par les piqûres.

Les scorpions sont un fléau, particulièrement en saison sèche, et leur morsure peut provoquer de fortes fièvres, et même la mort chez certaines personnes dont la santé est particulièrement fragile. Si vous voyagez à l'extérieur d'Acapulco, quelques précautions s'imposent, car les scorpions peuvent s'introduire dans le rez-de-chaussée des constructions. Évitez de laisser vos chaussures sur le sol et de marcher pieds nus. Lors de randonnées en montagne ou en forêt, des chaussures et chaussettes protégeant les pieds et les jambes sont indispensables. Enfin, ne vous promenez pas en bordure des fossés et dans les hautes herbes. En cas de morsure, dirigez la personne atteinte vers un médecin ou un hôpital de toute urgence. Les mêmes mesures s'appliquent aux morsures de serpents.

Le soleil

Bien qu'il soit agréable et qu'il procure maints bienfaits, le soleil entraîne également de nombreux petits ennuis. Il n'est pas inutile de rappeler ici qu'un nombre croissant de cancers de la peau est étroitement associé à une surexposition au soleil. Les premières journées surtout, il est nécessaire de bien se protéger et de ne pas prolonger les périodes d'exposition, car la peau doit d'abord s'habituer au soleil. En outre, une trop longue période d'exposition pourrait causer une insolation (étourdissement, vomissement et fièvre). Apportez toujours une crème solaire contre les rayons nocifs du soleil. Parmi les crèmes en vente, plusieurs n'offrent pas de protection adéquate. Avant de partir, demandez à votre pharmacien de vous indiquer les crèmes qui préservent réellement la peau des rayons dangereux du soleil. Afin d'obtenir une protection efficace, il est conseillé de mettre la crème au moins 20 min avant l'exposition. Par la suite, il faut éviter les abus. Un chapeau et des lunettes de soleil sont également indispensables au Mexique.

LES ASSURANCES

Annulation

Cette assurance est normalement proposée par l'agent de voyages au moment de l'achat du billet d'avion ou du forfait. Elle permet le remboursement du billet ou du forfait dans le cas où le voyage devrait être annulé en raison d'une maladie grave ou d'un décès. Les gens n'ayant pas de problèmes de santé n'ont pas vraiment besoin d'une telle protection. Elle demeure par conséquent d'une utilité relative.

Vol

La plupart des assurances-habitation au Canada protègent une partie des biens contre le vol, même si celui-ci a lieu à l'étranger. Pour soumettre une lettre de réclamation, il faut avoir un rapport de police. Comme tout dépend des montants couverts par votre police d'assurance-habitation, il n'est pas toujours utile de prendre une assurance supplémentaire.

Les visiteurs européens, pour leur part, doivent vérifier que leur police protège leurs biens à l'étranger, car ce n'est pas automatiquement le cas.

Vie

Plusieurs compagnies aériennes offrent une assurance-vie incluse dans le prix du billet d'avion. D'autre part, beaucoup de voyageurs disposent déjà d'une telle assurance; il n'est donc pas nécessaire de s'en procurer une supplémentaire.

Maladie

Sans doute la plus utile pour les étrangers, l'assurance-maladie s'achète avant de partir en voyage. La couverture de cette police d'assurance doit être la plus complète possible, car, à l'étranger, le coût des soins peut s'élever rapidement. Au moment de l'achat de la police, il faudrait veiller à ce qu'elle couvre bien les frais médicaux de tout ordre, comme l'hospitalisation, les services infirmiers et les honoraires des médecins (jusqu'à concurrence d'un montant assez élevé, car ils sont chers). En outre, il peut arriver que vous ayez à débourser le coût des soins en quittant la clinique. Il faut donc vérifier ce que prévoit la police dans ce cas. Durant votre séjour, vous devriez toujours garder sur vous la preuve que vous avez contracté une assurance-maladie, ce qui vous évitera bien des ennuis si, par malheur, vous en aviez besoin.

LE CLIMAT

Dans un pays aussi montagneux que le Mexique, il est évident que la température n'est pas la même partout. L'État de Guerrero à lui seul comporte plusieurs zones climatiques, lesquelles varient en fonction de l'altitude et de la situation géographique. Voici quelques indications pour les villes d'Acapulco et de Taxco.

L'un des principaux éléments qui a contribué au succès d'**Acapulco**, c'est précisément sa température : chaude et humide toute l'année. Avec une variante de quelques degrés seulement, sa moyenne annuelle est de 25 °C à 35 °C degrés le jour et de 20 °C à 25 °C la nuit. Le seul changement notable survient dans la saison des pluies (de juin à septembre), durant laquelle des averses se produisent les après-midi. Malgré cela, il ne tombe que 180 cm de pluie par an à Acapulco.

Localisée à 1 750 m d'altitude, **Taxco** jouit d'un climat comparable aux villes de Guadalajara ou de México, et est remarquablement bien tempérée. En effet, dans cette petite ville, la moyenne des températures se situe autour de 21 °C. La nuit tombée, une agréable fraîcheur envahit la ville; il est alors conseillé de porter un léger lainage. Les mois de juin à septembre sont les plus pluvieux.

LA PRÉPARATION DES VALISES

Le type de vêtements à emporter varie peu d'une saison à l'autre. D'une manière générale, les vêtements de coton, amples et confortables, sont les plus appréciés à Acapulco. Lors de balades en ville, tant à Acapulco qu'à Taxco, il est préférable de porter des chaussures fermées couvrant bien les pieds. En effet, les trottoirs n'étant pas uniformes et les obstacles étant fréquents (trous, grilles d'égouts mal installées, tiges de métal hors de la chaussée, etc.), vous pourrez ainsi mieux vous protéger contre d'éventuelles blessures. Pour Taxco seulement, un chemisier ou un gilet avec manches sont nécessaires en soirée. Sur la plage, n'oubliez pas de porter des sandales de caoutchouc. Durant la saison des pluies, un petit parapluie s'avérera fort utile pour vous protéger des ondées. Pour visiter certains sites comme les églises, il est conseillé de porter une jupe couvrant les genoux ou un pantalon; veillez à en emporter. Si vous prévoyez faire une randonnée en montagne, emportez de bonnes chaussures de marche. Enfin, n'oubliez pas le chapeau et les lunettes de soleil.

LA SÉCURITÉ

Acapulco vit des emplois du tourisme; la sécurité est donc une des préoccupations constantes des autorités. Afin de rassurer les visiteurs, une police spéciale, vêtue de blanc, veille spécialement à la sécurité des touristes. Ces agents parlent l'espagnol et l'anglais. Si l'on tient compte de sa taille importante, Acapulco peut être considérée comme une ville particulièrement sûre. Malgré cela, il est évident qu'il convient de suivre les habituelles règles de prudence. Lors de manipulation d'argent, évitez de compter vos billets sous les yeux de tout le monde, et abstenez-vous d'un «étalement excessif» de bijoux (excepté si vous vous rendez au Fantasy, voir p 130).

En ce qui concerne Taxco, le seul danger que vous risquez d'encourir dans cette paisible petite ville est celui de vous ruiner à l'achat de bijoux et d'autres objets en argent! Si toutefois, par malchance, vous vous faisiez voler, n'hésitez pas à communiquer avec la police locale, sans oublier de demander un double du rapport de police pour votre assurance. Nous vous donnons les coordonnées des forces de police dans la section «Renseignements pratiques» de chaque chapitre.

LES TRANSPORTS

L'automobile

Les attractions touristiques principales de la ville d'Acapulco et des alentours étant proches les uns des autres, et les nombreux transports (taxis et bus) s'avérant particulièrement économiques, nous déconseillons la location d'un véhicule aux personnes limitant leur séjour à cette ville. La même situation s'applique à Taxco, avec, en plus, une quasi impossibilité de stationner dans la vieille ville. D'autre part, il serait dommage de venir grossir encore la circulation urbaine qui pollue déjà ce joyaux architectural.

Toutefois, si vous désirez malgré tout louer un véhicule, sachez que le prix d'une location sur place est souvent nettement moins avantageux qu'un forfait avion-voiture d'une agence de voyages. La plupart des grandes agences de location sont établies le long de La Costera ainsi qu'à l'aéroport.

Location de voitures

Avis
Aéroport international
☎ 62-00-85 ou 62-00-75

Budget
La Costera 999-5
☎ 81-05-92, 81-05-95 ou 84-88-60

Hertz
La Costera 1945
☎ 85-89-47, 85-68-89 ou 85-69-42

Quelques distances

D'**Acapulco** à :

Chilpancingo :	113 km
Guadalajara :	934 km
Manzanillo :	675 km
México :	388 km
Pie de la Cuesta :	15 km
Puerto Marqués :	20 km
Taxco :	205 km

Le taxi

Le taxi est probablement le moyen de transport le plus efficace. Vous n'aurez aucune difficulté à trouver des taxis puisque ce sont littéralement eux qui vous recherchent. La grande majorité d'entre eux sont des «coccinelles», ce qui veut dire que le voyage peut s'avérer des plus inconfortables. Ils fonctionnent sans compteur, selon un tarif fixe qui, après négociation, ne se révèle plus si fixe que cela! Ce véritable «sport» est à pratiquer avant de monter à bord. En règle générale, les taxis stationnés devant les hôtels et les restaurants donnent une commission à ces établissements et sont donc légèrement plus chers que ceux hélés dans la rue. Cette situation est similaire lorsque quelqu'un se charge de vous appeler un taxi. À moins de transporter des bagages, il n'est pas nécessaire de laisser un pourboire.

L'autocar

Nombreux et circulant à peu près partout, les autocars constituent un moyen de transport économique et original pour se déplacer. Plusieurs entreprises de transport par autocar existent au Mexique, et la qualité du service proposé varie énormément en fonction du prix. Étant donné les distances parfois considérables à couvrir, il est vivement conseillé d'effectuer le voyage dans des autocars de première classe. Ces derniers sont généralement des véhicules plus récents, disposant d'une toilette et d'un téléviseur, et offrant même parfois du café à volonté. Pour les adresses des gares routières, voir p **64** et p **139**).

L'auto-stop

Pour des raisons de sécurité, il est fortement déconseillé de se déplacer au Mexique en faisant de l'auto-stop.

LES SERVICES FINANCIERS

La monnaie

L'unité monétaire du Mexique est le nuevo peso. Depuis peu cependant, le gouvernement a décidé d'abréger le terme en utilisant seulement le nom de «peso». Le mot «peso» est donc suffisant pour désigner la monnaie nationale. Le symbole du peso est $MEX ou NP$. Il circule en billets de 500, 200, 100, 50, 20 et 10 pesos. Quant aux pièces de monnaie, elles se présentent en 50, 20, 10, 5 et 1 pesos, puis en 50, 20, 10, et 5 centavos. Dans les endroits très touristiques, les prix sont parfois affichés en dollars américains.

La monnaie mexicaine est soumise à de fortes fluctuations, et de nombreuses dévaluations ont eu lieu ces dernières années. Vous trouverez ci-dessous les taux de change pour différentes monnaies étrangères. Ceux-ci étaient en vigueur au moment de mettre sous presse, et ils ne sont donnés qu'à titre indicatif.

Taux de change

1 $US = 7,91 pesos	1 peso = 0,13 $US
1 $CAN = 5,75 pesos	1 peso = 0,17 $CAN
1 FF = 1,34 peso	1 peso = 0,75 FF
1 FB = 0,219 peso	1 peso = 4,56 FB
1 FS = 6,10 pesos	1 peso = 0,16 FS
1 LIT = 0,0046 peso	1 peso = 217 LIT
1 PTA = 0,0536 peso	1 peso = 18,7 PTA

Les banques

Les banques sont ouvertes de 9 h à 15 h, du lundi au vendredi. La majorité d'entre elles changent le dollar canadien, le dollar américain et les principales monnaies européennes (voir «Le change», ci-dessous). Plusieurs banques possèdent des guichets automatiques pour l'utilisation d'une carte bancaire ou d'une carte de crédit.

Le change

Le meilleur taux de change est obtenu en demandant une avance de fonds d'une carte de crédit. Cette transaction s'avère encore plus rentable lorsque l'on procède avant son départ à un dépôt anticipé dans son compte. Dans ce cas, il n'y aura pas d'intérêt à payer sur l'avance de fonds. La plupart des guichets automatiques acceptent les cartes Visa, MasterCard, Cirrus et Plus.

En ce qui concerne les bureaux de change, vous en trouverez un peu partout, répartis le long de La Costera, à Acapulco, ou à proximité de la Plaza Borda, à Taxco. Même si ces derniers acceptent la plupart des grandes monnaies (dollars américains et canadiens, monnaies européennes, yen, etc.), le dollar américain est toujours changé à un taux plus intéressant. Pour les détenteurs de dollars canadiens et, plus encore, pour ceux qui ont de la monnaie européenne, il est de loin plus avantageux d'utiliser sa carte de crédit (voir ci-dessous) ou de changer sa monnaie en dollars américains avant de partir. Assurez-vous d'avoir votre passeport, car il sera exigé lors de la transaction. Enfin, dans la mesure du possible, évitez de changer votre argent dans les hôtels, car ceux-ci proposent des taux très désavantageux.

Les cartes de crédit

La plupart des cartes de crédit sont utilisées dans bon nombre de commerces. Notez toutefois que dans certains cas, et ce particulièrement à Acapulco, seule la carte American Express est acceptée. En plus de leur facilité d'utilisation, les cartes de crédit vous offrent de meilleurs taux de change et sont donc intéressantes lors de factures importantes (voir aussi «Le change», ci-dessus).

Les chèques de voyage

Il est toujours plus prudent de garder la majeure partie de son argent en chèques de voyage. On peut parfois s'en servir dans les restaurants, dans les hôtels ainsi que dans certaines boutiques, mais à des taux moins intéressants. Ils sont facilement échangeables dans les banques et bureaux de change du Mexique (s'ils sont en dollars américains ou en dollars canadiens). Il est conseillé de garder une copie des numéros de vos chèques dans un endroit à part, car, si vous les perdez, la banque émettrice pourra vous les remplacer plus facilement et plus rapidement. Cependant, gardez toujours des espèces sur vous.

LES COMMUNICATIONS

La poste

Pour l'envoi d'une carte postale ou d'une lettre, comptez 2,50 pesos pour l'Europe ou 2,10 pesos pour les pays d'Amérique du Nord, d'Amérique centrale et d'Amérique du Sud.

Le téléphone

L'indicatif régional d'**Acapulco** est le **74**.

L'indicatif régional de **Taxco** est le **762**.

De l'étranger vers le Mexique

Du Canada et du Québec : composez le 011-52 + l'indicatif régional + le numéro local.

De France : composez le 00-52 + l'indicatif régional + le numéro local.

De Belgique : composez le 00-52 + l'indicatif régional + le numéro local.

De Suisse : composez le 00-52 + l'indicatif régional + le numéro local.

Du Mexique vers l'étranger

En règle générale, il est plus avantageux d'appeler à frais virés (PCV). Pour les citoyens canadiens ou français désirant appeler dans leur pays respectif, le service d'appel à frais virés direct (Canada Direct ou France Direct) représente la formule la plus intéressante. Il est déconseillé d'appeler à l'étranger en passant par les hôtels, car, même en cas d'appels à frais virés ou sans frais (appel 1-800), l'hôtel vous chargera des frais pouvant aller jusqu'à 4 $US par appel. Il en est de même en ce qui concerne les appels locaux puisque les hôtels vous factureront jusqu'à 3 pesos par appel, alors que, d'une cabine téléphonique, ceux-ci ne coûtent que 50 centavos.

D'autre part, méfiez-vous du service *Larga Distancia*, *To call the USA collect or with credit card Simply Dial 0*, visible un peu partout dans la région de la baie et à l'aéroport. Cette entreprise qui s'identifie également par un logo représentant une feuille d'érable rouge, sème la confusion auprès des visiteurs canadiens, leur rappelant ainsi le service de Canada Direct. En réalité, il s'agit d'une tout autre entreprise, laquelle exige des frais élevés pour tout appel. En effet, en utilisant ses services, il vous en coûtera pas moins de 23 pesos la minute pour appeler aux États-Unis ou au Canada et 27 pesos la minute en Europe, et ce en payant comptant. Lors de paiement par carte de crédit, il vous en coûtera plus encore.

Pour le Québec et le Canada : composez le 00-1 + l'indicatif régional + le numéro du correspondant, ou pour Canada Direct, faites le 00-800-010-1990 + l'indicatif régional + le numéro du correspondant, ou attendez qu'un téléphoniste vous réponde.

Pour la France : d'une cabine téléphonique, composez le 00-33 + l'indicatif régional + le préfixe de la ville (si nécessaire) + le numéro du correspondant, ou pour France Direct, faites le 0-800-33-0057 ou le 0-800-33-0010.

Pour la Belgique : composez le 00-32 + le préfixe de la ville (si nécessaire) + le numéro du correspondant ou pour Belgique Direct (Calling Card), faites le 988-00-3220001 + un numéro d'identification personnel (soit votre numéro de téléphone) + votre code de confidentialité + préfixe de la ville + le numéro du correspondant. Après chaque introduction de données, terminez par la touche #.

Pour la Suisse : d'une cabine téléphonique, composez le 00-41 + le préfixe de la ville (si nécessaire) + le numéro du correspondant.

Pour joindre un téléphoniste :
appels internationaux, faites le 09;
appels nationaux, faites le 02;
information, faites le 04.

HÉBERGEMENT

Généralités

Excepté indications contraires, il est déconseillé de boire l'eau du robinet, car celle-ci n'est pas purifiée. Malheureusement, dans la grande majorité des cas, les hôtels ne disposent pas d'eau purifiée aux étages et en profitent pour en vendre dans leur minibar. À Acapulco, si vous ne désirez donc pas vous ruiner pour boire de l'eau, il faudra vous approvisionner régulièrement auprès des magasins situés le long de la baie. Profitant de cette situation, certains marchands n'hésitent pas à vendre l'eau à des prix exorbitants, spécialement lorsque le client se présente comme un touriste. Sachez que le prix moyen d'une bouteille de 1,5 l est 5,50 pesos. Assurez-vous toujours que la bouteille soit bien scellée.

Les prix

En ce qui concerne les grands hôtels, durant la haute saison touristique (de décembre à mai), les prix demandés aux touristes de passage sont souvent élevés, voire carrément exagérés par rapport à la qualité des services proposés. En règle générale donc, durant cette période, il s'avère plus avantageux pour le voyageur individuel de réserver son hôtel à l'avance par l'intermédiaire d'une agence de voyages. Les agences de voyages organisent en effet souvent des forfaits vol-hôtel à des prix nettement plus avantageux que sur place (voir aussi «Les tout-inclus à Acapulco» ci-dessous).

Le tableau des prix indiqués ci-dessous s'applique à la période allant de décembre à mai **hors fêtes**, pour une chambre à occupation double, incluant la taxe (IVA) de 15 %, **sans** petit déjeuner (sauf indication contraire). Du 20 décembre au 10 janvier, les prix mentionnés ci-dessous peuvent doubler voire tripler.

$ = moins de 200 pesos
$$ = de 200 à 400 pesos
$$$ = de 400 à 800 pesos
$$$$ = de 800 à 1 500 pesos
$$$$$ = plus de 1 500 pesos

Les tout-inclus à Acapulco

Depuis quelques années, on assiste à la croissance de la formule tout-inclus : vous payez une somme fixe pour une ou deux semaines, et l'hôtel où vous logez vous fournit les trois repas par jour ainsi que les boissons nationales. Cette formule de tout-inclus semble ainsi financièrement une bonne affaire pour le client.

Cependant, cette formule présente plusieurs désavantages. Qui imaginerait en effet prendre les 21 repas de la semaine au même restaurant? En général, les hôtels à formule tout-inclus proposent deux ou trois restaurants, mais, dans les faits, vous prendrez la majorité de vos repas dans une cafétéria qui offre un buffet, toujours le même.

Les prix des restaurants étant très peu élevés au Mexique, nous avons établi un budget type pour trois repas par jour à l'extérieur ainsi qu'un budget pour les consommations en dollars américains :

Petit déjeuner	3 $US
Déjeuner	4 $US
Dîner	9 $US
Consommations	4 $US
TOTAL	20 $US

La formule tout-inclus vous fait donc économiser 140 $US par semaine. C'est bien peu pour vous priver de l'agrément de la variété des restaurants, du plaisir de choisir chaque jour où aller manger et du plaisir de la découverte. N'est-ce pas là pourquoi nous voyageons? En fait, la majorité des clients des hôtels à formule tout-inclus vont faire quelques sorties et donc dépenser une partie de ces 140 $US qu'ils pensaient économiser. Il serait impensable en effet de ne pas visiter une fois une discothèque tropicale comme le Tropicana (voir p 113) ou goûter à la Molcajete Acapulqueño au typique restaurant El Fogón (voir p 104), sans parler de l'atmosphère très mexicaine qui règne sur le Zócalo, où des restaurants proposent une bonne cuisine à bas prix (voir p 105). Nous décrivons dans ce guide près de 70 restaurants et plus de 20 boîtes de nuit que vous aurez sûrement plaisir à découvrir.

Pour certaines personnes, un autre inconvénient majeur des formules tout-inclus est que la majorité des clients de l'hôtel auront tendance à y demeurer en permanence en raison de la «gratuité». En conséquence, les hôteliers organisent des animations qui s'avèrent souvent bruyantes, comme l'aérobic en piscine... pendant que vous lisez sur votre balcon, ou une partie de volley-ball, voire un concours de danse avec musique américaine. La plupart du temps, ces activités n'auront aucun rapport avec le Mexique que vous auriez pourtant aimé découvrir.

RESTAURANTS

Les prix mentionnés ci-dessous s'appliquent à un repas pour une personne, taxe incluse, comprenant l'entrée, le plat principal et le dessert. Les boissons et le service ne sont pas compris et sont en sus. En règle générale, il est d'usage de laisser de 10 % à 15 % de pourboire.

$ = moins de 80 pesos
$$ = de 80 à 120 pesos
$$$ = de 120 à 200 pesos
$$$$ = de 200 à 300 pesos
$$$$$ = plus de 300 pesos

Pourboire

Le terme *propina incluida* signifie que le pourboire est inclus. En général, il n'est pas inclus; selon la qualité du service rendu, il faut compter environ 10 % à 15 % de pourboire sur le montant. Il n'est pas, comme en Europe, inclus dans l'addition, et le client doit le calculer lui-même et le remettre à la serveuse ou au serveur; service et pourboire sont une même et seule chose en Amérique du Nord.

LA CUISINE MEXICAINE

Tortillas, *tacos*, *empanadas*, *enchiladas*, autant de mots prêtant à confusion pour qui est confronté la première fois à la cuisine mexicaine. Les préjugés ayant la vie dure (plats trop pimentés) face à l'inconnu, trop souvent le visiteur opte pour la cuisine de type internationale. Toutefois, même s'il est vrai que certains mets locaux peuvent s'avérer particulièrement relevés, la cuisine mexicaine offre une variété infinie de plats, allant du plus doux au plus épicé. Afin d'aider le voyageur à naviguer dans les délicieux méandres de la cuisine mexicaine, nous vous proposons ci-dessous un lexique gastronomique.

Ceviche   Crevettes, thon ou brochet de mer crus, «cuits» seulement dans le jus de lime.

Chicharrón   Couenne de porc frite, servie la plupart du
               temps avec l'apéritif.

Chile   Piments (il en existe plus de 100 variétés) frais
               ou séchés qui peuvent être préparés de mille et
               une manières : farcis ou servant eux-mêmes de
               farce, en sauce, bouillis, cuits dans l'huile, etc.

Empanadas   Fines galettes de maïs repliées en forme de
               gosette (chausson) et farcies avec de la viande,
               de la volaille ou du poisson.

Enchiladas   Sorte de crêpes de maïs enroulées et fourrées
               généralement avec du poulet (plus rarement
               avec du thon), recouvertes d'une sauce pi-
               mentée, de rondelles fraîches d'oignon et de
               crème, le tout parsemé de fromage.

Guacamole   Purée d'avocat salée et poivrée à laquelle on a
               ajouté de petits dés de tomates, d'oignons et
               de piments frais, le tout mélangé avec un peu
               de jus de lime. Même si souvent ce plat ne
               figure pas au menu en tant que tel, n'hésitez
               pas à

               demander le *guacamole con totopos* (avec
               chips au maïs), un mets très connu constituant
               une   rafraîchissante   entrée   ou   un   bon
               amuse-bouche.

Mole   Ce terme désigne plusieurs sauces onctueuses
               composées d'un mélange de nombreuses
               épices, de noix, de chocolat, de tomates, de
               tortillas, de piments, d'oignons et de bien
               d'autres aliments encore, chacun variant selon
               la région. Les sauces les plus connues sont la
               Mole Poblano et la Mole Negro Oaxaqueno,
               toutes deux à base de chocolat et d'épices. Ces
               sauces accompagnent les plats de volaille et de
               viande.

Nopales   Feuilles de cactus (sans les épines bien sûr!)
               cuites dans l'eau ou servies dans une soupe ou

Les piments

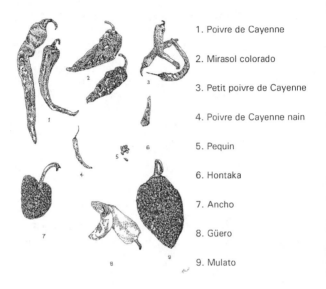

1. Poivre de Cayenne

2. Mirasol colorado

3. Petit poivre de Cayenne

4. Poivre de Cayenne nain

5. Pequin

6. Hontaka

7. Ancho

8. Güero

9. Mulato

Pozole	Ragoût consistant à base de grains de maïs et de porc accompagné de radis, d'oignons, de coriandre et de jus de lime. Il existe en deux versions : le ragoût vert ou le ragoût rouge, ce dernier étant le plus pimenté.
Quesadillas	Sorte de crêpes fourrées avec du fromage et de la crème.
Tacos	Sorte de crêpes de maïs enroulées et fourrées souvent avec du poulet, mais il en existe plusieurs autres préparations.
Tamales	Feuilles d'épis de maïs farcis avec de la viande, de la volaille ou du poisson mélangé à de la graisse de lard et de la purée de maïs. Plusieurs légumes et épices sont également ajoutés à la farce, chacun variant selon la région.

Tortillas	Contrairement aux *tortillas* espagnoles (confectionnées avec des œufs et des pommes de terre), les *tortillas* mexicaines sont des galettes plates à base de farine de maïs et cuites à la poêle dans l'huile. En règle générale, elles servent d'accompagnement.
Totopos	En quelque sorte, il s'agit de l'équivalent de nos chips de pommes de terre. Faite ici avec du maïs, ils peuvent se présenter sous une forme ronde ou triangulaire.

Les boissons mexicaines

La bière

Si vous êtes à la recherche d'une bière de «caractère», optez pour les bières **Bohemia** ou **Negro Modelo**. Ambrées, elles ont beaucoup plus de goût que les blondes et constituent une excellente boisson en guise d'apéritif. Pour ceux qui ne «jurent que par les blondes», la très célèbre **Corona** ou la moins connue **Santa Clara** sauront agréablement les rafraîchir.

Les vins

Dans la plupart des cas, le vin le moins cher servi dans les restaurants est le vin mexicain. Vous ne verrez pratiquement jamais de demi-bouteille en vente sur la carte des vins. Comptez 75 pesos pour une bouteille de vin mexicain, de 95 pesos à 110 pesos pour un vin chilien et de 180 pesos à 295 pesos pour un vin français. Étant donné les conditions de stockage et le climat, il est conseillé de consommer du vin local plutôt que de l'importé. De plus, vous goûterez ainsi aux produits du terroir.

Agave

Les apéritifs et les digestifs

Reine de tous les apéritifs, la **Margarita** vous fera perdre la tête rapidement si vous en consommez sans modération. Il s'agit d'un mélange de jus de lime, de Tequila, de «triple sec» et de sirop de sucre de canne, le tout mélangé avec de la glace concassée, le rebord du verre étant préalablement garni de cristaux de sel. La **Tequila**, fabriquée dans le très bel État de Jalisco, provient de l'agave (une plante originaire du Mexique), dont on broie la base bulbeuse. Le jus récolté est ensuite longuement fermenté afin d'en obtenir un alcool blanc et sec. Traditionnellement, elle se boit immédiatement après avoir absorber une pincée de sel. Vient ensuite la **Piña Colada**, déjà célèbre mondialement, un mélange de rhum, de lait et de jus d'ananas.

MAGASINAGE

Au Mexique, les boutiques ouvrent généralement de 9 h à 20 h ou 21 h, du lundi au samedi. Toutefois, dans les villes très visitées comme Acapulco et Taxco, certains magasins ouvrent le dimanche et même parfois 24 par jour (surtout les grandes surfaces). Plus on s'éloigne des zones touristiques, meilleurs sont les prix. Ainsi, à Acapulco, les commerces de tout le secteur à proximité du Zócalo affichent des prix beaucoup moins élevés que ceux bordant La Costera.

Le Mexique a la réputation de fabriquer des produits artisanaux exceptionnellement diversifiés et riches en couleurs. Acapulco et Taxco n'échappent pas à la règle, et vous n'aurez dès lors aucun mal à trouver tout ce dont vous rêvez. Pour chacune de ces villes, nous vous suggérons quelques propositions d'achat intéressantes dans la section «Magasinage» de chaque chapitre.

Taxes

La taxe locale s'appelle l'«IVA». Pour les achats courants, elle est pratiquement toujours comprise dans le prix affiché.

DIVERS

Électricité

Les prises électriques donnent un courant alternatif d'une tension de 110 volts, comme pour toute l'Amérique du Nord.

Les fiches étant plates, les Européens ont besoin, en plus d'un convertisseur de courant, d'un adaptateur.

Femmes voyageant seules

Une femme voyageant seule dans ces villes ne devrait pas rencontrer de problèmes. Dans l'ensemble, les gens sont aimables et peu agressifs. En général, bien que les hommes soient respectueux des femmes et que le harcèlement soit peu fréquent, les Mexicains s'amuseront sûrement à les draguer, mais poliment. Bien sûr, un minimum de prudence s'impose; par exemple, évitez de vous promener toute seule dans des endroits mal éclairés la nuit. De plus, une tenue décente dans ce pays à majorité catholique pourra vous éviter d'éventuels désagréments.

Heure

Il y a une heure (-1 heure) de décalage entre le Québec et l'État de Guerrero; le Mexique est à l'heure avancée à partir du premier dimanche d'avril jusqu'au dernier dimanche d'octobre. Il y a sept heures de décalage (-7 heures) avec la plupart des pays d'Europe de l'Ouest, à l'exception de l'Angleterre (- 6 heures).

Les fêtes

Outre les grandes fêtes traditionnelles catholiques célébrées dans tout le pays, certaines réjouissances ont un caractère plus local. Nous vous suggérons quelques-unes d'entre elles, décrites ci-dessous, pour les villes de Taxco et d'Acapulco.

Acapulco

Les processions à Santa María de Guadalupe

À Acapulco, du 1er au 11 décembre, tandis qu'on s'occupe à décorer la ville, chaque jour, un cortège défile le long de La Costera et se dirige vers le Zócalo. Ainsi, chaque groupe culturel ou sportif, chaque association de quartier, chaque entreprise et bien d'autres organismes encore forment leur propre cortège qui, après avoir atteint le Zócalo (également appelée «Plaza Alvarez»), pénètre dans la Catedral Nuestra Señora de la Soledad afin d'y être béni. Ne vous étonnez donc pas de voir passer un char allégorique en l'honneur de la Virgen surmonté d'une grande publicité de Coca-Cola ou encore d'une affiche annonçant une discothèque! Suivant allégrement le char, les employés des diverses firmes représentées défilent ainsi en chantant l'*Himno a Santa María de Guadalupe*, tandis que de nombreux pétards explosent dans le ciel dans un fracas indescriptible. Ces processions atteignent leur paroxysme durant la soirée et la nuit du 11 décembre. Tandis que les premiers défilés commencent en début de soirée, les derniers prennent le départ vers 3 h du matin, suivis, à cette heure-là, des fêtards sortant des discothèques, puis des gays, soit les derniers de la file à se faire bénir par le curé (*Dios quiere a todo...*)! Bien que ces processions aient lieu un peu partout au Mexique, elles revêtent ici un caractère plutôt amusant.

Finalement, le 12 décembre marque le jour de la fête la plus importante au Mexique (presque plus importante que la fête nationale) : la **fête de la Vierge de Guadalupe.** C'est alors par dizaines de milliers que les pèlerins se dirigent vers la basilique de México pour y voir la fameuse toge portant miraculeusement l'image de la Vierge. Selon la croyance populaire, en l'année 1531, cette toge fut remise par la Vierge même à un paysan aztèque nommé Juan Diego, en guise de preuve face à son incrédulité.

Taxco

Le 1er décembre est une journée particulière à Taxco, où se tient une importante foire : la Feria de la Plata. À cette occasion, on organise dans toute la ville diverses expositions afin de présenter des ouvrages réalisés en argent. Il s'agit d'une occasion unique de contempler les plus belles créations en matière d'orfèvrerie.

Le 18 janvier, on souligne l'importance de la fête de la sainte patronne de Taxco, Santa Prisca, des défilés étant alors organisés.

Enfin, durant la Semaine sainte, de nombreux touristes se rendent à Taxco afin de pouvoir assister aux remarquables représentations de la Passion.

Perroquets

ACAPULCO

I maginez une quinzaine de plages de sable doré blotties au creux d'une baie entourée d'une impressionnante chaîne de montagnes, la Sierra Madre del Sur. Dans ce décor de rêve, supposez une multitude d'hôtels luxueux établis à même la plage et entourés d'une végétation luxuriante. Enfin, ajoutez une infinité de restaurants aux saveurs du monde prêts à réjouir les palais les plus délicats, le tout accompagné d'une activité nocturne débordante que seul le lever du soleil semble venir apaiser. Voilà Acapulco! Bien qu'elle soit concurrencée par les récents développements de la côte du Yucatán, Acapulco reste encore aujourd'hui la station la plus connue à l'étranger et attire, bon an mal an, plus d'un million de touristes chaque année. Et pour cause, puisque, comme l'attestent les dépliants touristiques locaux, le soleil y brille 360 jours par an. Aussi, avec sa longue baie qui s'étire sur 16 km, la «perle du Pacifique» a de quoi satisfaire les visiteurs en quête d'animation aussi bien que ceux à la recherche de repos et de quiétude. Quant aux voyageurs en manque d'activités culturelles, outre les quelques musées et vestiges coloniaux que possède la ville, ils pourront, à moins de trois heures de route, s'évader dans la très belle ville de Taxco, merveille des temps coloniaux.

POUR S'Y RETROUVER SANS MAL

De l'aéroport au centre-ville

Le trajet de l'aéroport au centre-ville dure environ 30 min en voiture. Bien qu'il soit techniquement possible de s'y rendre en utilisant les transports en commun, le trajet s'avère long, et il faut prendre une correspondance. Ce moyen n'est donc pas conseillé pour ceux qui voyagent avec des bagages, d'autant plus que les risques de vol ne sont pas négligeables. Le meilleur moyen consiste à utiliser l'un des nombreux taxis ou *colectivos* que vous trouverez à la sortie de l'aéroport. Tandis qu'un taxi vous coûtera entre 150 pesos et 185 pesos pour vous rendre au centre de la baie, un *colectivo* ne vous coûtera que 38 pesos. Les *colectivos* ne sont rien d'autre que des fourgonnettes transportant jusqu'à huit passagers, les passagers étant déposés directement à leur hôtel. Bien qu'elle soit économique et plutôt confortable, cette formule peut néanmoins devenir éprouvante pour certains, particulièrement durant la haute saison touristique, lorsque les bousculades sont nombreuses.

Les moyens de transport étant sévèrement contrôlés à l'aéroport, vous devez acheter votre billet dans un kiosque situé près de la sortie de l'aéroport. Ce billet sera remis au chauffeur sans autre paiement, excepté peut-être un léger pourboire pour la manutention de vos bagages. Notez que, dans certains forfaits avion-hôtel, le trajet entre l'aéroport et l'hôtel est assuré par le voyagiste.

Du centre-ville à l'aéroport

Pour le retour vers l'aéroport, il en va tout autrement, car les frais de trajet avec un taxi régulier sont alors nettement moins élevés et avoisinent les 70 pesos. De ce fait, il est dès lors plus avantageux d'utiliser ce service plutôt que les *colectivos*, surtout lorsque l'on est plusieurs à s'y rendre.

En voiture

Dans le vieux centre, à proximité du Zócalo, les routes sont particulièrement encombrées, et la circulation n'est donc pas toujours facile. De plus, il faut tenir compte des risques réels de vol. Pour ces raisons, et surtout parce que les attractions principales de la ville sont toutes proches les unes des autres et facilement accessibles à pied, en taxi ou en autobus, nous déconseillons la location d'un véhicule aux personnes limitant leur séjour à Acapulco.

Si toutefois la location vous tente, sachez que la vitesse est limitée à 50 km/h et que les ronds-points portent ici le nom de *glorietas*. Pour ceux qui viennent d'autres régions du Mexique, la ville d'Acapulco est accessible depuis la nationale 200, en longeant la côte, ou par l'autoroute à péage 95D (appelée communément «Autopista del Sol») en partant de México (à 368 km) ou d'autres régions du Nord.

En taxi

Circulant dans la ville 24 heures par jour, à la recherche effrénée (le mot n'est pas trop fort) de touristes, les taxis sont légion à Acapulco. Véritable calamité, dès votre sortie de l'hôtel, ces derniers iront jusqu'à vous suivre au pas, espérant ainsi pouvoir vous proposer leurs services. À observer ainsi leur insistance, il semble que, pour ceux-ci, marcher soit un acte indécent! Il est vrai que la concurrence est rude à Acapulco et que, pour certains, la saison touristique représente la seule période profitable de l'année. Donc, lors de vos balades dans la baie, attendez vous à entendre ce joyeux refrain sans cesse répété : «*Taxi, amigo*»! Malgré cela, il n'en reste pas moins vrai qu'il s'agit du moyen de transport le plus efficace. Étant donné qu'il n'y a pas de compteur, les chauffeurs travaillent selon un tarif fixe. Bien entendu, ce tarif dépend de la destination, mais aussi du lieu de prise en charge. Ainsi, ceux pris directement à partir de l'hôtel coûteront plus cher que ceux hélés le long de La Costera (voir aussi p 70).

Quelques exemples de prix :

De la Playa Icacos à

Puerto Marqués	30 pesos
Aéroport	60 pesos
Zócalo	20 pesos
Playa Condesa	12 pesos
Pie de la Cuesta	50 pesos
Terminus Estrella de Oro	20 pesos

En autobus

Nombreux, les autobus publics circulent à peu près partout dans la baie. Malgré leur côté vétuste et leur manque de confort, ils constituent un moyen typique autant qu'économique pour se déplacer. Il ne vous en coûtera que 2 pesos pour vous rendre à n'importe quel endroit de la baie ainsi qu'à Pie de la Cuesta (4 pesos pour Bahía Marqués, à cause de la correspondance). Vous trouverez, tout le long de La Costera, de nombreux arrêts publics identifiables aux panneaux bleus et parfois même un abribus. Pour une raison des plus mystérieuses, tandis que certains bus circulent rapidement entre les arrêts, d'autres roulent presque au pas et s'arrêtent n'importe où sur simple demande. De plus, il n'existe malheureusement aucun signe distinctif qui permet de les différencier. Donc, si vous êtes pressé, utilisez les services d'un taxi. Enfin, évitez les bus lorsque vous voyagez avec des bagages, car ils sont souvent bondés, et les risques de vol sont alors plus grands.

Bien que ces destinations figurent sur chaque véhicule, celles-ci sont inscrites à la main en lettres blanches sur le pare-brise et sont donc la plupart du temps soit illisibles, soit visibles seulement au dernier moment.

Quelques lignes :

Base-Caleta : de la base militaire d'Icacos à la Playa Caleta en longeant La Costera et en passant par le Zócalo.

Base-Cine Río-Caleta : même destination que le bus Base-Caleta mais avec détours par l'Avenida Cuauhtémoc et Wilfrido

Massieu, en passant devant la gare routière de la société Estrella de Oro.

En scooter

Peu usité et malheureusement assez cher, ce moyen de déplacement s'avère des plus agréables sous les tropiques. Toutefois, les utilisateurs devront être particulièrement prudents à la conduite, les automobilistes ayant ici peu de respect, tant pour les motocyclistes que pour les piétons.

Moto Rent
Location de scooters *(50 pesos l'heure ou 180 pesos la journée)*
À l'entrée du centre commercial Plaza Bahía (à côté de l'hôtel Acapulco Plaza)
☎ 85-93-04

En autocar

La société Estrella de Oro compte parmi les plus efficaces, et ses bus ont des toilettes. Certains de ses véhicules disposent de téléviseurs, et l'on y trouve même parfois un distributeur de café gratuit. Parmi les destinations proposées par la société, vous trouverez Chilpancingo (la capitale de l'État de Guerrero), Taxco, Cuernavaca, México (la capitale fédérale) et Ixtapa-Zihuatanejo.

Malheureusement, pour une raison des plus obscures, la société Estrella de Oro ne vend pas de billets aller-retour, et chaque billet doit dès lors être acheté dans la station de départ. Les places étant numérotées, en pleine saison touristique ou durant les fins de semaine, il est préférable de réserver à l'avance, surtout si vous désirez une place particulière ou voulez éviter les bousculades. Aussi, dès votre arrivée à destination, pensez à votre billet de retour.

El Terminal Estrella de Oro
Av. Cuauhtémoc 158 *(angle Wifrido Massieu)*
Prendre n'importe quel bus identifié «Base-Cine Río-Caleta»
☎ 85-87-05

RENSEIGNEMENTS PRATIQUES

Information touristique

Secretaría de Fomento Turístico del Estado de Guerrero
Information sur l'État de Guerrero et sur la ville d'Acapulco
La Costera 187 (*entre le Zócalo et le Parque Papagayo*)
☎ 86-91-67, 86-91-64 ou 86-91-71, ext. 25
⇌ 86-91-63

Asistencia Turística
Service d'assistance en langues étrangères pour touristes
☎ 84-45-83 ou 84-44-16

Procuraduría del Turista
Pour tout problème ou réclamation
La Costera 4455 (*à côté du Centro de Convenciones*)
☎ 84-44-16 ou 84-45-83

Les excursions

En vous promenant le long de la baie, vous remarquerez la présence de nombreux vendeurs qui, installés dans leur petit kiosque à même le trottoir, vous proposeront toutes sortes d'excursions et d'activités. Celles-ci vont de la balade en mer à la visite des îles, en passant par l'achat d'un billet d'entrée pour une discothèque ou même encore l'achat d'une propriété! Sachez que, dans certains cas (surtout ceux qui vous abordent à même la rue), il peut s'agir d'une opération douteuse dont vous verrez probablement les billets mais jamais le résultat. Pour toute sécurité, nous vous conseillons donc vivement de traiter directement avec une des nombreuses agences établies dans les hôtels. Ainsi, en cas d'insatisfaction vous pourrez toujours protester énergiquement auprès de l'hôtel ou encore déposer une plainte auprès de la Procudería del Turista. De plus, les hôtels ayant de grandes capacités de négociations, leurs prix ne sont pas plus chers que ceux d'une agence extérieure. En ce qui concerne les excursions elles-mêmes, la majorité d'entre elles se limitent à des croisières tout autour de la baie ainsi qu'à des visites organisées dans les villes de Taxco, Oaxaca et México.

La baie d'Acapulco et les environs

Parmi les différentes excursions, vous pourrez faire un tour de bateau au clair de lune *(comptez environ 300 pesos avec buffet et boissons)*, vous rendre à l'Isla Roqueta pour une baignade dans ses eaux translucides *(15 pesos)* depuis la Playa Caleta, vous promener sur les plages sauvages de Pie de la Cuesta et vous baigner dans l'immense Laguna de Coyuca, située tout à côté *(300 pesos incluant un lunch avec boissons)*, ou encore tout simplement faire un tour de ville *(130 pesos)*. Quant à la Laguna de Las Tres Palos, située près de l'aéroport, elle fait l'objet d'excursions à caractère écologique qui intéresseront surtout les ornithologues. En ce qui concerne ces excursions, la quasi-majorité d'entre elles se font avec des guides accompagnateurs parlant anglais et espagnol seulement. Bien qu'ils soient nombreux en raison de la présence des Québécois, les francophones sont ici peu choyés en ce qui concerne la langue. C'est pour cette raison que nous nous sommes limité à vous mentionner ci-dessous l'adresse d'une agence proposant ses services en français :

PGC de Mexico S.A.
Nao Trinidad 17
Fracc. Costa Azul, C.P. 39850
Acapulco, Guerrero
☎ 81-05-80, 81-05-84 ou 84-05-30
⌨ 81-05-88

Dans le pays

La majorité des excursions proposées au départ d'Acapulco se limitent à trois villes : México (la capitale), Taxco (la ville de l'argent) et Oaxaca, avec ses fameux sites de Monte Albán et de Mitla. Vous trouverez une brève description de quelques-uns d'entre eux ci-dessous.

Taxco : il s'agit de l'excursion la plus courante et aussi la plus proche d'Acapulco. Cette merveilleuse ville coloniale blottie dans les montagnes (voir p 133) n'est qu'à trois heures et demie de route d'Acapulco. Outre son orfèvrerie, vous pourrez y admirer l'une des plus belles églises baroques du Mexique, la Santa Prisca. Bien que l'excursion puisse aisément se faire en une journée *(comptez environ 450 pesos pour un tour organisé avec guide)*, il est préférable d'y loger au moins une nuit afin de bien profiter de l'ambiance locale *(comptez environ 1 500 pesos pour une excursion de 2 jours avec logement et repas)*.

Oaxaca : la compagnie aérienne Aerocaribe (une filiale de Mexicana) organise depuis peu des excursions d'une journée à destination d'Oaxaca et des extraordinaires sites archéologiques de Mitla et de Monte Albán. Les départs ont lieu tous les jours depuis l'aéroport international Juan N. Alvarez à 7 h, et le retour s'effectue d'Oaxaca la même journée à 20 h 50. Trois choix sont proposés, soit une visite de la ville coloniale d'Oaxaca et du site de Monte Albán, une visite des sites de Mitla et de Monte Albán, ou encore une visite de Monte Albán seulement. Tous les forfaits comprennent le vol aller-retour, l'accompagnement d'un guide bilingue (anglais-espagnol), un repas et l'entrée aux différents sites ou musées *(comptez de 1 265 pesos à 1 365 pesos selon le forfait choisi)*.

Poste et télégramme

Mexpost
La Costera 215 *(à proximité du Sanborn de la vieille ville)*
lun-ven 9 h à 18 h, sam 9 h à 13 h

Associations

Alliance française
Centro de Convenciones
Casa Québec
La Costera 4455
☎ 84-79-41

Numéros de téléphone utiles

L'indicatif régional d'**Acapulco** est le **74**.

Police : ☎ 85-06-50 ou 85-08-62.

Pour toute urgence (ambulance, pompiers, police), composez le **06**.

Aéroport : ☎ 66-94-29 *(tlj 8 h à 23 h; information sur les arrivées et départs).*

Hôpitaux

Hospital del Pacífico
Calle Fraile y Nao 4 (en face de l'Iglesia Cristo Rey)
La Bocana
☎ 87-71-80

Hospital Privado Magallanes
Wilfrido Massieu 2
☎ 85-65-44, 85-67-06 ou 85-65-97

Pharmacies

Farmacia América
Calle Horacio Nelson 40 *(à proximité de la discothèque Baby'O)*
service bilingue français-anglais
☎ 84-52-32

Farmacia EMY
La Costera *(en face de l'hôtel Paraíso, à proximité du Parque Papagayo)*
24 heures par jour
☎ 85-98-86 ou 86-17-55

Journaux et télévision

Tandis que le voyageur américain n'aura aucun mal à se procurer les journaux de son pays et pourra même voir les dernières nouvelles télévisées américaines (surtout dans les grands hôtels), le touriste francophone, pour sa part, devra prendre son mal en patience et attendre le retour au pays. En ce qui concerne les visiteurs qui comprennent l'espagnol, ils pourront suivre quotidiennement les dernières actualités internationales sur la chaîne espagnole, diffusées spécialement pour l'Amérique latine, tous les jours à 19 h sur la chaîne 38.

Banques

Vous trouverez de nombreuses banques réparties tout le long de La Costera, et vous n'aurez donc aucun mal à effectuer des retraits ou à changer vos devises. Parmi les banques les plus importantes, Banamex et Bancomer disposent toutes deux de guichets automatiques où vous pourrez faire directement des retraits par l'intermédiaire de vos cartes de crédit, Cirrus ou Plus.

Compagnies aériennes

Continental Airlines
à l'aéroport seulement
9 h à 17 h
☎ 66-90-63 ou 66-90-46,
sans frais du Mexique ☎ 91-800-900-50

Delta
à l'aéroport seulement
☎ 66-94-81 ou 66-94-05
sans frais du Mexique ☎ 91-800-901-22

American Airlines
à l'aéroport seulement
sans frais du Mexique ☎ 91-800-904-60

Taesa
La Costera 251-2
☎ 86-56-00 ou à l'aéroport 66-90-67
sans frais du Mexique ☎ 91-800-904-63

Mexicana
La Costera 1252
☎ 84-16-79 ou à l'aéroport 66-91-21
sans frais du Mexique ☎ 91-800-502-20

Aeromexico
La Costera 286

☎ 85-16-00 ou à l'aéroport 66-91-09
sans frais du Mexique ☎ 91-800-909-99

Quelques exemples de tarifs aériens au départ d'Acapulco
(décembre 1996, aller simple) :

México	423 pesos
Oaxaca	402 pesos
Guadalajara	759 pesos
Cuernavaca	150 pesos
Puerto Vallarta	659 pesos
Mérida	774 pesos
Cancún	1307 pesos

 ATTRAITS TOURISTIQUES

L'**Avenida Costera Miguel Alemán (1)** : communément appelée
«La Costera», cette large avenue longe toute la baie d'Acapulco.
Outre une série de tours hôtelières d'où, depuis leurs chambres,
les touristes peuvent bénéficier d'une superbe vue sur la baie,
s'y aligne une série impressionnante de plages au sable fin pour
le plus grand plaisir des baigneurs. Parmi les plus connues, se
succèdent d'est en ouest la **Playa Icacos**, la **Playa Condesa**, la
Playa Hornitos et la **Playa Hornos**, ainsi que les **Playas Tamarindo** et **Dominguillo**. Enfin, les **Playas Manzanillo**, **Honda** et **Larga**,
quant à elles, marquent l'entrée de la péninsule de Las Playas
et terminent ainsi à l'extrémité ouest de la baie. Sur la péninsule même se suivent les **Playas Caleta** et **Caletilla**. Finalement,
sur l'île du même nom, la **Playa Roqueta** clôture cette longue
énumération qui reste néanmoins loin d'être exhaustive.

En ce qui concerne La Costera elle-même, il s'agit d'une artère
très fréquentée, et une véritable nuée de taxis ainsi que de
nombreux vieux autobus bruyant la parcourent à toute heure.
Lors de sa traversée, il est conseillé d'être particulièrement
prudent, car les feux de signalisation sont peu nombreux, et les
voitures y filent à vive allure. Malgré la pollution qu'engendre
un tel défilé, les visiteurs appréciant l'animation seront ravis d'y
trouver une succession de magasins, restaurants, bars, hôtels,
discothèques et bien d'autres commerces encore. Malgré
l'acharnement dont font preuve les taxis, n'hésitez pas à
parcourir cette longue avenue à pied, car elle constitue l'un des
meilleurs moyens de découvrir Acapulco. Toutefois, lors de vos

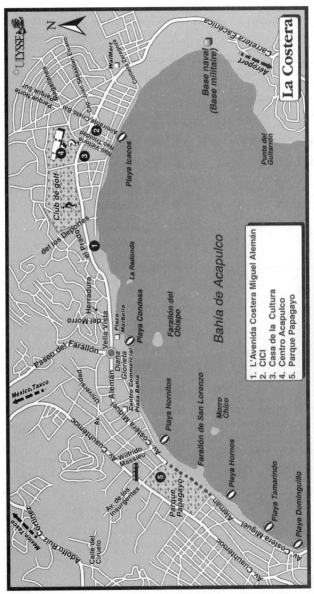

La Costera

Bahía de Acapulco

Base naval
(Base militaire)

Carretera Escénica

Aéroport

Punta del
Guitarrón

Playa Icacos

Club de golf

WalMart

Parque Norte

Parque Sur

del los Deportes

el Prado

Herradura

del Morro

La Redonda

Playa Condesa

Farallón del
Obispo

Morro
Chico

Playa Hornos

Farallón de San Lorenzo

Playa Tamarindo

Playa Dominguillo

Parque Papagayo

Av. Costera Miguel Alemán

Av. Cuauhtémoc

Av. de los Insurgentes

Av. Wilfrido Massieu

Calle del Ciruelo

Adolfo Ruiz Cortínez

México, Taxco

México Taxco Cortínez

Paseo del Farallón

Vella Vista

Plaza Marbella

Alemán

Diana Glorieta

Centro Commercial
Plaza Bahía

Universidad

Av. Cuauhtémoc

Almirante Cristo Bal Juan Sebastián Elcano

Costera Zaragoza

Nao Victoria

Nao Trinidad

1. L'Avenida Costera Miguel Alemán
2. CICI
3. Casa de la Cultura
4. Centro Acapulco
5. Parque Papagayo

© ULYSSE

déplacements, soyez attentif aux nombreux trous et obstacles encombrant les trottoirs. **CICI (Centro Internacional de Convivencia Infantil) (2)** *(droit d'entrée; tlj 10 h à 18 h; La Costera, près de la Calle Cristóbal Colón et du Hard Rock Cafe)* : diverses piscines (dont une avec vagues artificielles), plusieurs glissoires d'eau, des restaurants, des cafétérias et un spectacle de dauphins et de phoques acrobates feront ici la joie des enfants. Les petits pourront s'y amuser à leur guise en toute sécurité, tandis que les parents bénéficieront d'un environnement agréable à l'ombre des palmiers.

Située à proximité du Centro de Convenciones, ou Centro Acapulco, la **Casa de la Cultura (3)** *(La Costera, à proximité du CICI)* n'est autre qu'une série de petits bâtiments modernes renfermant diverses galeries où sont exposées et vendues plusieurs œuvres d'artistes locaux. L'ensemble est entouré d'un joli jardin au centre duquel vous trouverez également une bibliothèque et un théâtre en plein air.

Centro Acapulco (4) (aussi appelé **Centro de Convenciones**) *(La Costera, au nord-ouest du complexe CICI)* : cet imposant bâtiment conçu pour accueillir divers congrès et manifestations culturelles (voir la section «Sorties», p 110) intéressera surtout les passionnés d'architecture moderne. Entouré de fontaines et de jardins, il renferme également des boutiques, quelques restaurants, des salles de cinéma, un centre d'artisanat ainsi qu'un théâtre où sont organisés divers spectacles folkloriques (voir p 111).

Si vous recherchez un peu de fraîcheur à l'ombre de beaux arbres, rendez-vous au **Parque Papagayo ★ (5)** *(tlj 10 h à 18 h; La Costera, près de la Playa Hornitos)*. Vous pourrez y admirer divers oiseaux exotiques, de grosses tortues d'eau et une réplique miniature des fameux galions espagnols conçus autrefois dans la baie, les *Nao de China (on ne visite pas)*. Malheureusement, le parc n'est pas dans le meilleur état, et un bon nettoyage serait souhaitable. Aussi, la présence d'un ancien téléférique ainsi que d'un télésiège, tous deux abandonnés, renforce encore un peu plus l'état de manque d'entretien du parc. Parmi les activités possibles, vous pourrez louer des pédalos ou vous rendre au parc d'attractions *(lun-ven 15 h 30 à 22 h 30, sam-dim 15 h à 23 h)*.

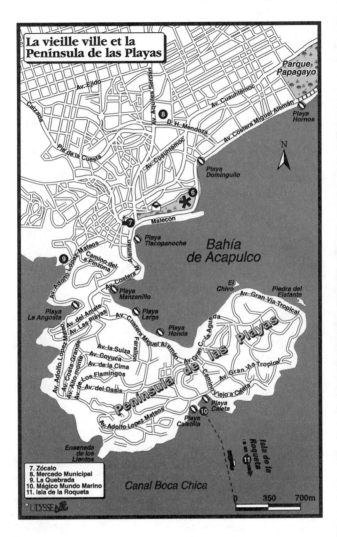

La vieille ville et la
Península de las Playas

Parque
Papagayo

Av. Ejido

Calzada

Av. Aquiles Serdán

Av. Cuauhtémoc

D. H. Mendoza

Pie de la Cuesta

Av. Cuauhtémoc

Av. Costera Miguel Alemán

Playa
Hornos

N

Playa
Dominguillo

Malecón

Playa
Tlacopanoche

Bahía
de Acapulco

Camino del Pinzona

Av. Adolfo López Mateos

Costera

Playa
Manzanillo

El
Chivo

Piedra del
Elefante

Av. Gran Vía Tropical

Playa
La Angosta

Av. Las Playas

Av. Costera Miguel Alemán

Playa
Larga

Faralón

Playa
Honda

Av. la Suiza
Av. Goyuca
Av. de la Cima
Av. de los Flamingos
Av. del Oasis

Av. Costa Grande
Av. Adolfo López Mateos
Av. Alta-monte

Camino Gral. C. La Agueda

Av. Gran Vía Tropical

Camino Viejo a Caleta

Península de las Playas

Playa
Caleta

Av. Adolfo López Mateos

Playa
Caletilla

Isla de la Roqueta

Ensenada
de los
Llantos

Canal Boca Chica

7. Zócalo
8. Mercado Municipal
9. La Quebrada
10. Mágico Mundo Marino
11. Isla de la Roqueta

ULYSSE

0   350   700m

Situé tout à côté de la vieille ville, le **Fuerte San Diego** ★★★ **(6)** mérite une visite, car il constitue le plus imposant vestige colonial de la ville. Érigé au début du XVIIe - siècle, il fut entièrement détruit en 1776 par un violent tremblement de terre. Reconstruit en 1778, il permit aux Espagnols de défendre leurs précieuses cargaisons en provenance d'Asie (surtout des Philippines) contre les attaques répétées des pirates anglais et hollandais. Un siècle plus tard, le site servit également aux troupes républicaines en lutte pour leur indépendance. En parfait état, sa double enceinte à la Vauban a été bien restaurée. Malheureusement, nulle part il n'y a de tables pour pique-niquer. Avant de pénétrer au cœur même de la forteresse, il est agréable de faire le tour du chemin de ronde afin de mieux pouvoir admirer l'ensemble de la construction. Toutefois, soyez prudent, car, en certains endroits, le chemin de ronde s'avère étroit. En effectuant ainsi le tour complet des remparts, vous arriverez face à la passerelle menant à l'intérieur de la forteresse, laquelle abrite aujourd'hui le remarquable **Museo Histórico de Acapulco** ★★★ *(14 pesos, entrée libre dim; mar-dim 10 h 30 à 17 h, admission jusqu'à 16 h 40; entrée sur La Costera, en face des vieux quais, peu après le restaurant Las Parrillas)*, qu'il ne faut en aucun cas manquer de visiter. Consacrez-y une bonne après-midi, car il est particulièrement instructif quant à l'histoire de la ville et à ses relations commerciales avec l'Asie. Tandis que certaines salles possèdent des inscriptions bilingues (espagnol-anglais), d'autres sont en espagnol seulement.

Parmi les nombreux objets exposés, vous pourrez y admirer de magnifiques pièces de porcelaines chinoises ainsi qu'une intéressante maquette des célèbres navires *Nao de China*. Fabriqués à Acapulco même, ces navires devraient en réalité être appelés *Galeón de Filipinas*, puisque c'est bien aux Philippines qu'ils accostèrent pour la première fois. Aussi, c'est avec ce pays que débuta la grande aventure commerciale entre l'Asie et l'Espagne, la soie étant alors la marchandise la plus recherchée en Europe.

Après la visite du musée, ne manquez pas de vous rendre sur le toit de la forteresse, où vous pourrez bénéficier d'une superbe vue sur la baie ainsi que sur la péninsule de Las Playas.

Même si le temps vous manque, n'oubliez pas d'effectuer une visite à la place centrale de la vieille ville, le **Zócalo** ★ **(7)**, aussi appelée «Plaza Juan Alvarez». Cette agréable place, de prime abord sans grand intérêt architectural, excepté peut-être pour la **cathédrale de Nuestra Señora de la Soledad** et son étrange dôme de style indéfinissable, vaut surtout le déplacement pour son atmosphère conviviale. À l'ombre des nombreux arbres qui la bordent, prenez le temps de boire un petit café afin d'observer les divers mouvements qui s'y opèrent. De nombreux Mexicains s'y donnent rendez-vous, tandis que, par-ci par-là, des cireurs de chaussures sont à l'œuvre tout en bavardant avec leurs clients. Aussi, à partir de là, n'hésitez surtout pas à prolonger votre visite dans le quartier, et prenez le temps de flâner à travers ses nombreuses ruelles enchevêtrées. Voyage au cœur d'une architecture quelque peu désordonnée certes, mais combien authentique que celle des quartiers populaires mexicains. En plus de nombreuses petites boutiques, restaurants et bistros parfois de mauvais goût, mais toujours à forte coloration locale, vous pourrez découvrir son célèbre **Mercado Municipal ★ (8)** *(juste à côté de l'Av. Diego Hurtado Mendoza, entre l'Av. Cuauhtémoc et l'Av. Aquiles Serdán)*. Pour qui apprécie les bains de foule populaire, ce grand marché constitue l'une des attractions les plus amusantes à ne pas manquer (voir aussi la section «Magasinage», p 115).

Nul ne saurait quitter la magique Acapulco sans avoir observé au moins une fois les célèbres *clavadistas*. C'est en empruntant un chemin du nom de **La Quebrada ★★ (9)** *(Plaza Las Glorias, à l'ouest du Zócalo, face à l'hôtel Las Glorias)* que vous accéderez au sommet de falaises d'où vous pourrez admirer d'athlétiques Mexicains exécutant des plongeons d'une hauteur allant de 25 m à 35 m dans les eaux du Pacifique. Cet exploit ne s'effectue toutefois qu'avec la bénédiction du ciel, et ce n'est qu'après une courte visite à la Virgen de Guadalupe, dont il implore la protection, que le plongeur réalise son exploit. Bien que ces sauts périlleux semblent n'être accomplis que pour le seul plaisir du baigneur, ces derniers sont devenus depuis longtemps déjà un exercice purement commercial. La scène depuis l'hôtel Las Glorias compte parmi les points de vue les plus recherchés, mais il vous faudra payer 61 pesos (incluant deux consommations nationales) pour vous installer à sa terrasse panoramique et frissonner ainsi confortablement tout en observant le spectacle. Pour une meilleure vue cependant, rendez-vous à la terrasse **Las Clavadistas** *(10 pesos; horaire des plongeurs : 12 h 45, 19 h 30, 20 h 30, 21 h 30 et 22 h 30)*, située en contrebas, juste en face d'où les plongeurs s'élancent dans la mer. Cette terrasse a été aménagée par le syndicat des *clavadistas*, et le profit est versé à un fonds de pension pour les travailleurs de ce secteur. Le droit d'entrée n'inclut aucune boisson, mais vous pourrez facilement vous en procurer chez les nombreux marchands ambulants qui fréquentent les lieux. Si vous vous y rendez à la séance de 12 h 45, assurez-vous de vous protéger du soleil, car il n'y a aucun endroit ici pour s'abriter à l'ombre.

Toujours du Zócalo, vous pouvez également accéder à la péninsule de Las Playas et suivre l'agréable route panoramique Gran Vía Tropical, qui contourne une partie de la péninsule. En plus d'offrir de magnifiques points de vue, cette route vous mènera au **Mágico Mundo Marino (10)** *(20 pesos, de 3 à 12 ans 15 pesos; tlj 9 h à 19 h; entre les Playas Caleta et Caletilla)*, qui malheureusement, en raison de son architecture et de ses coloris disgracieux, gâche un peu les lieux. Ce parc aquatique saura divertir les grands aussi bien que les petits, et, outre divers spectacles de dauphins et de phoques, vous pourrez y admirer de près des requins et des piranhas. Glissoires d'eau et piscines (sans prédateurs cette fois!) sont également accessibles, de même qu'un restaurant avec terrasse.

À partir des plages de La Caleta et de La Caletilla, diverses excursions en bateau vous mèneront à l'**Isla de la Roqueta (11)**. De nombreuses agences locales proposent des traversées à bord d'un bateau à coque transparente afin de pouvoir admirer, d'après leurs dires, les magnifiques fonds marins ainsi que la surprenante **Capilla Submarina**. Cette étrange chapelle sous-marine abrite, à plus de 7 m de profondeur, **La Virgen de Guadalupe**, une statue représentant la Vierge Marie qui semble se languir là en attendant sa remontée annuelle pour son grand nettoyage. Sachez toutefois que, dans la plupart des cas, les magnifiques fonds marins tant vantés sont malheureusement bien peu visibles. Pour une traversée jusqu'à l'île en bateau à fond de verre, comptez 25 pesos pour l'aller-retour. Pour une simple traversée, comptez 15 pesos pour l'aller-retour. Les visiteurs sont débarqués sur l'île et peuvent s'y promener ou s'y baigner avant de reprendre le bateau. Le dernier retour est à 17 h.

PLAGES

Vous trouverez dans cette section une brève description des principales plages de la baie d'Acapulco. Puisqu'elles ont chacune leur caractère, le voyageur n'aura aucun mal à en trouver une qui fera son bonheur. Toutefois, chaque activité agréable ayant son revers, quel que soit l'endroit que vous choisirez pour rêvasser, n'oubliez jamais que la mer peut être traîtresse. La plus grande prudence s'impose lors d'activités nautiques, et les nageurs occasionnels éviteront donc de s'aventurer trop loin. Autre danger à prendre en considération, les effets néfastes que peut avoir le soleil sur les fragiles peaux blanches. Pour un bronzage heureux et sans douleur, n'oubliez pas de vous protéger régulièrement à l'aide de produits adéquats. Lunettes de soleil et chapeau sont également les bienvenus.

Les plages décrites ci-dessous vous sont présentées d'est en ouest.

Playa Icacos ★★★ : «plage sœur» de la célèbre Playa Condesa, la Playa Icacos fait face à des quartiers mieux nantis que ses voisines de l'ouest. Aussi, sa zone hôtelière se compose d'immeubles résolument plus modernes, mais pas toujours du meilleur goût. Sa plage, large et bien entretenue, est fréquentée par une faune sélecte où se mélangent mannequins de magazine, exhibitionnistes de bonne famille et gents fortunés. Un grand nombre d'activités nautiques sont possibles ici, et vous n'aurez aucun mal à vous alléger de vos dollars. Les nageurs débutants apprécieront particulièrement cet endroit, car les vagues y sont moins puissantes et même relativement calmes au fur et à mesure que l'on se dirige plus à l'est, vers Punta Guitarrón. En vous levant tôt dans la matinée, à proximité de l'hôtel Copacabana, vous pourrez observer les pêcheurs qui ramènent dans leurs filets quantité de poissons qu'ils déposent à même la plage, où ils sont vendus directement.

Playa Condesa ★★ : de multiples tours hôtelières, de nombreux restaurants avec terrasse et une quantité impressionnante de bars à la mode, voilà à quoi il faudra vous attendre ici. Pour ceux qui aiment l'animation continue, cet endroit fera des heureux, et, tandis qu'en après-midi la plage s'emplit rapidement d'une foule joyeuse en quête de bronzage, les cris de joie des baigneurs forment un bruit de fond qu'accompagnent les remous des vagues. Face à la plage, deux petits îlots semblent avoir été déposés là par Dame Nature juste pour le plaisir des yeux. Enfin, au loin, comme pour compléter ce décor de carte postale, de nombreux bateaux, des plus modestes aux yachts luxueux, semblent vous offrir un défilé avec, pour toile de fond, un ciel bleu azur sur lequel se découpent de multiples parachutes colorés. Paravoile, plongée, ski nautique, planche à voile..., tout est possible ici. Une fois la nuit tombée, les discothèques et les boîtes de nuit branchées prennent la relève jusqu'au petit matin, et les seules règles de conduite à suivre ici se résument en deux mots : plaisir et détente.

Playas Hornos et **Hornitos** : ces deux plages qui se succèdent ne sont autres qu'une réplique de la très convoitée Playa Condesa, en version plus modeste cependant. Très fréquentées en après-midi, ces plages voient défiler une population moins aisée où se mêlent Mexicains et touristes au budget restreint. Vous pourrez y profiter de nombreux restaurants et de multiples activités nautiques à des prix raisonnables. La section de la plage qui se trouve face au Parque Papagayo, surtout fréquentée par les familles mexicaines, est très agréable, car elle ne possède pas de grandes constructions et est éloignée de la bruyante Costera.

Playa Honda et **Playa Larga** : s'étalant de la vieille ville à l'entrée de la péninsule de Las Playas, ces deux plages servent surtout de point de départ à de nombreuses excursions, entre autres celles de pêche en haute mer. Il est agréable de s'y promener afin d'observer le va-et-vient des bateaux ainsi que la présence des nombreux yachts luxueux qui s'y trouvent.

Playa Caleta et **Playa Caletilla** : situées sur la péninsule de Las Playas, ces deux petites plages se trouvent un peu à l'écart du centre urbain. Le sable y est de bonne qualité et l'eau calme et limpide à souhait. Plusieurs excursions vers l'Isla Roqueta y sont organisées, et l'endroit est idéal pour la pratique de la plongée sous-marine et d'autres sports connexes. La présence du parc aquatique Magíco Mundo Marino (voir p 76), qui sépare les deux plages, en fait un endroit très fréquenté par les familles mexicaines, surtout les fins de semaine et durant les congés scolaires. Si vous recherchez le calme, évitez ces périodes.

Playa Roqueta : située sur l'île du même nom, cette plage intéressera surtout les personnes à la recherche d'un endroit relativement paisible, exception faite des fins de semaine et des congés scolaires, où la plage se voit littéralement envahir par les familles mexicaines. Sable fin parsemé de quelques rochers et eau limpide sont au menu.

ACTIVITÉS DE PLEIN AIR

Ski nautique

Comme pour toute station balnéaire qui se respecte, le ski nautique est une activité importante que l'on ne saurait oublier. Le meilleur endroit où pratiquer ce genre de sport est la Laguna Coyuca (voir p 123), car, bien qu'il soit possible de s'y adonner dans la baie d'Acapulco, le grand nombre de nageurs rend cette activité dangeureuse.

Scooter des mers

La majorité des agences et hôtels qui louent ces engins sont répartis le long des Playas Icacos, Condesa et Hornitos. Aussi, pour en louer une, promenez-vous sur ces dernières, et faites votre magasinage tout comme pour n'importe quel autre objet. Les prix variant sensiblement d'un endroit à l'autre, n'hésitez surtout pas à négocier. Sachez qu'il faut vous attendre à payer entre 160 pesos et 180 pesos la demi-heure ou encore 320 pesos l'heure. Le prix de location est pour l'utilisation de l'engin, et vous pourrez donc y monter à deux, ce qui s'avère plus économique et tout aussi amusant. Avant de vous lancer à toute vitesse, soyez particulièrement vigilant envers les nageurs, car ils sont très nombreux en haute saison touristique.

Plongée et plongée-tuba

Point besoin d'être un professionnel de ce sport pour participer à une séance de plongée avec **Acapulco Divers** *(départ de la Playa Icacos à 9 h 30, 11 h 30 et 14 h 30, juste en face de l'hôtel La Palapa)*. Cette école de plongée vous fournira tout le matériel nécessaire ainsi que le transport et les services d'un guide. La durée de l'expédition est de deux heures et demie, et les lieux varient en fonction de l'expérience. Ainsi, tandis que les personnes qui en sont à leur première plongée seront emmenées à proximité de la paisible Isla Roqueta, les spécialistes seront pour leur part conduits au large de la baie. Pour ceux qui préfèrent ne pas trop s'aventurer, des équipements pour la plongée-tuba sont également disponibles. Comptez environ 235 pesos pour la plongée et 117 pesos pour la plongée-tuba.

 Paravoile

De nombreuses agences et hôtels établis le long des Playas Icacos et Condesa organisent ce genre d'activité. Cette dernière n'est toutefois pas sans risque, et les personnes sujettes au vertige éviteront ce genre d'escapade. Il en va de même pour ceux qui ont des problèmes de santé et qui ont à prendre des médicaments. Aussi, n'oubliez pas que la consommation d'alcool avant cette activité (et tout autre d'ailleurs!) est vivement déconseillée. Après avoir respecté ces quelques conseils, vous pourrez ainsi planer à votre aise au-dessus de la baie pour la somme de 100 pesos le quart d'heure.

 Golf

Outre l'avantage de sa localisation centrale, le **Club de golf Acapulco** *(La Costera, à côté du Centre des congrès,* ☎ *84-07-81)* affiche des prix particulièrement raisonnables. Comptez de 40 pesos à 50 pesos pour l'utilisation de ses terrains à 9 ou 18 trous.

 Bateau de course

Pour ceux qui aiment les sensations fortes, l'agence **Shotover Jet** *(La Costera, Centro Comercial Marbella, local 4, CP 39690,* ☎ *84-11-54,* ≈ *84-26-48)* organise des «randonnées» tumultueuses sur la rivière Papagayo, située au nord d'Acapulco. Après un peu plus d'une heure de trajet en autocar, vous pourrez ainsi faire le plein d'adrénaline (d'après les dires des propriétaires!) à bord d'un bateau effectuant diverses acrobaties. Après ces émotions néo-zélandaises (l'entreprise est en effet originaire de ce pays), il ne vous restera plus qu'à reprendre votre souffle et à retourner à la douce réalité des plages de la baie. Comptez 275 pesos par personne (enfant 117 pesos), incluant le transport aller-retour à partir de La Costera.

 # HÉBERGEMENT

Afin de simplifier la lecture du présent chapitre, nous utiliserons le terme abrégé de «La Costera», fréquemment utilisé par les habitants d'Acapulco, pour désigner l'Avenida Miguel Alemán. D'autre part, en raison de la longueur même de la baie d'Acapulco (16 km), nous avons découpé cette dernière en cinq zones, facilitant ainsi le repérage des divers établissements hôteliers. D'est en ouest, ces cinq zones sont : **Playa Icacos, Playa Condesa, de Playa Condesa à Playa Hornitos, de Playa Hornos au Malecón, la Península de las Playas.**

Playa Icacos

El Tropicano (16) *($; bd, ≡, tv, ≈, ℜ; La Costera 510, à proximité du Wal-Mart,* ☎ *84-011-01, 84-11-00 ou 84-13-32,* ⇆ *84-13-08).* Établi à 5 min de marche de la plage Icacos, ce modeste hôtel doit son charme à son verdoyant jardin abondamment fleuri et arboré. Toutes les chambres sont attenantes à une petite terrasse avec vue sur jardin mais sans intimité (évitez celles à proximité des piscines). Le décor intérieur, quant à lui, mériterait un bon rafraîchissement. Aussi, avec une capacité de 137 chambres dans un espace relativement exigu, cet endroit n'est pas des plus calmes. Il conviendra donc surtout à ceux qui apprécient l'animation. Deux petites piscines, un piano-bar et un restaurant font également partie des installations.

Hotel Marbella (27) *($$; bd, ≡, tv, ≈, ℜ; Calle Horacio Nelson 2, derrière la discothèque Baby'O, près du Wal-Mart, C.P. 39850,* ☎ *84-29-43 ou 84-28-90,* ⇆ *84-21-57, sans frais du Mexique* ☎ *91-800-84-01-24).* Ce modeste petit hôtel de 44 chambres mérite une mention particulière pour son agréable cadre général. Bien qu'elles n'offrent aucune vue sur la baie, les chambres font face à une agréable cour arborée, dotée d'une piscine et à l'écart des bruits de La Costera, toute proche. Les chambres sont très lumineuses et meublées modestement mais avec goût. Les aires communes, trop souvent négligées, sont ici joliment décorées de peintures originales et de quelques jarres disposées par-ci par-là. Excellent rapport qualité/prix.

Le petit hôtel **Acasol (4)** *($$; bd, ≡, ≈; La Costera 53, à proximité du Copacabana,* ☎ *84-27-00, 84-02-55 ou 84-68-67,* ≈ *84-09-77)* dispose de quelques chambres réparties au sein d'un modeste immeuble comprenant une petite piscine en son centre. Les chambres sont simples et propres, sans décor particulier et avec éclairage au néon. Quelques-unes d'entre elles seulement possèdent un balcon. La plage se trouve à 150 m de là, et un centre commercial est situé à proximité.

Avec sa grande entrée toute vitrée, le **Days Inn Acapulco (12)** *($$$; bp, ≡, ℂ, ≈, tv, ℜ; La Costera 2310, face au Wal-Mart, C.P. 39840,* ☎ *84-53-32 ou 84-53-65,* ≈ *84-58-22)* a de quoi impressionner. Lors de notre passage, l'immeuble faisait peau neuve, et ses 328 chambres étaient l'objet de travaux de rénovation. On prévoyait entre autres l'installation d'une cuisinette dans chaque chambre. Malgré ce petit «vent de fraîcheur», le mobilier des chambres demeure plutôt vieillot, et les tapis ainsi que les portes semblent avoir souffert d'un coup de pinceau un peu trop rapide! Ici aussi, l'hôtel est situé perpendiculairement au littoral et à 200 m de celui-ci, ce qui fait qu'aucune des chambres n'offre de vue complète sur la mer. Toutes les chambres possèdent un balcon, mais sans mobilier et sans intimité. Demandez celles situées du côté gauche de l'immeuble, avec vue sur la base militaire et la Punte Diamante. Malgré un édifice en construction qui devrait obstruer un peu la vue, ce côté de l'immeuble reste assez dégagé. Quant à l'autre côté, il donne sur un ensemble d'édifices (dont celui du nouveau complexe Oceanico 2000) s'étalant au loin dans la baie ainsi que sur une toute nouvelle discothèque équipée d'une tour imitant un donjon. Outre ce spectacle étonnant, argent et bon goût ne faisant pas toujours bon ménage, la discothèque est dotée d'un phare tournant qui a pour résultat de projeter ces rayons en plein sur les immeubles environnants! Malgré ces quelques désagréments, le Days Inn offre un rapport qualité/prix qui mérite une mention, car il est situé non loin de la plage tout en étant à proximité de nombreux services et des lieux de sorties. Cafétéria, bar, salon

de beauté, coffrets de sécurité et boutiques sont à la disposition des hôtes au rez-de chaussée.

Rompant avec la monotonie des grandes tours d'habitation,
l'hôtel **Malibu (26)** *($$$; bp, ≡, tv, ≈; La Costera 20, C.P.
39690, face au club de golf, ☎ 84-10-70, ⊷ 84-09-94, sans
frais des USA et du Canada, ☎ 1-800-446-2747)* est un édifice
de taille modeste à l'architecture surprenante. Son originalité
réside dans la conception même des aires communes, de forme
parfaitement ronde et garnies de nombreuses plantes tomban-
tes. Disposées tout autour, 80 suites se répartissent dans deux
bâtiments. Toutes les chambres possèdent un balcon, mais
seule une faible proportion de celles situées dans la Torre B
offre une vue directe sur la mer. La décoration des chambres,
d'aspect moderne, manque un peu de chaleur et commence à
vieillir un peu. Une agréable piscine de forme octogonale et
entourée de palmiers fait face à la plage. Le nombre relative-
ment limité de chambres en fait un bon endroit pour ceux qui
recherchent une plus grande convivialité.

Le visiteur de passage reconnaîtra facilement le **Calinda
Beach (6)** *($$$; bp, ≡, tv, ≈, ℜ; , La Costera 1260, face au
club de golf, C.P. 39690, ⊷ 84-04-10, sans frais des USA et du
Canada, ☎ 1-800-221-22-22, sans frais du Mexique,
☎ 91-800-90-00, Internet //www.hotelchoice.com.)*, le seul
hôtel de la baie de forme parfaitement ronde. Ses 350 chambres auront de quoi satisfaire les amateurs de vues panoramiques, et, avec un peu de chance, l'hôte de ces lieux pourra
bénéficier d'une vue complète sur la baie, directement depuis
son balcon. Cependant, même s'il offre une vue et que son
architecture est amusante, le Calinda Beach manque singulièrement de charme. Ses chambres ainsi que les aires communes
sont décorées sans grand goût, et le mobilier utilisé est de style
purement utilitaire, voire déprimant. Aussi, malgré la présence
d'un balcon pour chaque chambre, ceux-ci sont disposés si
près les uns des autres qu'il est littéralement impossible d'en
profiter en toute intimité. Sa piscine, de taille plutôt minuscule,
est un autre désavantage. Malgré ces défauts, il n'en reste pas
moins vrai que cet hôtel a l'avantage d'être établi directement
à même la plage et qu'il peut se vanter d'offrir une vue
dégagée. En effet, au moment de mettre ce guide sous presse,
aucune construction n'était encore venu gâcher son espace
immédiat.

Club Bananas Tropical (8) *($$$; bd, ≡, ≈; Av. Monterrey 195, localisé derrière le club de golf, C.P. 39690,* ☎ *84-84-21,* ⌕ *84-73-44, sans frais du Mexique,* ☎ *91-800-09-410).* Deux choix s'offrent à vous ici : soit que vous optiez pour des chambres simples, attenantes à un petit balcon (la plupart sans intimité); soit que vous choisissiez les *casitas*, sorte de petits appartements équipés d'une grande salle de bain et de deux chambres pouvant accueillir jusqu'à quatre adultes. Ces dernières sont dotées d'un grand balcon privé et accolées les unes aux autres dans une série de bâtiments s'élevant sur deux niveaux. L'ensemble est réparti à flanc de colline. Quel que soit votre choix, sachez que cet établissement ne propose que la formule du tout-inclus, ce qui comporte certains désavantages (voir p 47). La décoration est assez agréable, mais la présence d'appareils de climatisation individuels est source de bruit constant. Aucun des logements n'offre de vue directe sur la mer ou sur la baie. Deux restaurants, un italien (sur réservation seulement) et un de type buffet (choix très limité), ainsi qu'un bar, font partie des installations. Avec le bar accolé à la piscine et la discothèque, toutes deux installées à proximité des chambres, cet endroit n'est pas des plus calmes et conviendra plutôt à ceux qui aiment fêter jour et nuit. Un service gratuit de navette vers la Playa Francia *(tlj 10 h à 17 h)* ainsi que vers La Costera *(tlj 21 h à 23 h)* est assuré aux demi-heures par l'hôtel.

Copacabana (11) *($$$; bd, ≡, ≈, tv, ℜ; Tabachines 2, à proximité de l'hôtel Elcano, C.P. 39360,* ☎ *84-32-60 ou 84-31-55,* ⌕ *84-62-68, sans frais des USA et du Canada,* ☎*1-800-562-01-97, sans frais du Mexique,* ☎ *91-800-09-888).* Élevée à même la plage Icacos, cette tour de 18 étages comprend 422 grandes chambres, toutes équipées d'un petit balcon avec vue sur la mer et sur une partie de la baie. La décoration des chambres, cependant un peu vieillotte, est chaleureuse, et un minibar fait partie du mobilier. Outre une piscine et un bassin à remous, plusieurs boutiques, un bar et un service de restauration rapide font partie des installations. Des coffrets de sécurité sont également disponibles à la réception. Parmi les avantages indéniables de cet établissement, son emplacement, à la fois à l'écart de la bruyante Costera tout en étant pas très loin de nombreux restaurants, discothèques et boutiques, est à considérer.

Le gigantesque **Hotel La Palapa (22)** *($$$$; bd, ≡, ≈, tv, ℜ; La Costera 210, à proximité de l'hôtel Days Inn et à l'est de celui-*

ci, ☎ *84-55-18 ou 84-53-63*, ≈ *84-83-99)*, avec ses 27 étages édifiés directement à même la Playa Icacos, compte parmi les géants d'Acapulco. Dans son imposant hall d'entrée, vous pourrez admirer de très beaux vitraux d'inspiration Art Nouveau que gâche malheureusement un décor plutôt cacophonique et sans style. À l'image des aires communes, le décor et le mobilier de ses 250 grandes suites semblent également avoir connu des jours meilleurs. Les couleurs orange et brune y sont dominantes. Les suites sont équipées de cuisinettes et de réfrigérateurs, mais il faut payer un supplément pour en avoir l'usage. Seul un nombre limité de suites offre une vue complète sur la baie, et la majorité des terrasses privatives se répartissent de chaque côté de l'aile centrale. Pour une vue relativement dégagée, choisissez une suite dans l'aile est, soit du côté de la base navale. Au rez-de-chaussée, un bar, deux restaurants et une piscine sont à la disposition des clients.

Hyatt Regency (21) *($$$$$; bp, ≡, ≈, tv, ℜ; La Costera 1, C.P. 39869, près de la Base, ☎ 869-12-34, ≈ 843-087, sans frais des USA et du Canada, ☎ 1-800-233-12-34, sans frais du Mexique, ☎ 91-800-00-500)*. Malgré un hall d'entrée peu invitant, sombre et garni de palmiers artificiels (!), le décor des chambres est de bon goût. L'utilisation de couleurs chaudes et gaies des tissus ainsi que l'emploi de quelques éléments artisanaux réchauffent de manière élégante la froideur d'un mobilier moderne. Les chambres de luxe, quant à elles, méritent une mention pour leur très belle salle de bain tout en travertin. Un coffret de sécurité est disponible dans les chambres, et l'hôtel possède son propre système de purification d'eau. Une fois de plus, seules les suites offrent une vue intégrale sur la baie, et la majorité des autres chambres se répartissent aux extrémités de l'immeuble. Il en résulte que ces dernières offrent une vue partielle sur la baie ou sur la montagne. Une tour d'habitation étant en construction à proximité de l'hôtel, assurez-vous de demander une chambre du côté de la base navale. En ce qui concerne l'aspect général, on y trouve un décor bien ordonné et d'une propreté éclatante voire aseptisée (pas une seule plante verte dans les longs couloirs des étages). La présence de deux piscines, de trois restaurants, de trois bars et d'une galerie marchande vient réhausser une réputation déjà acquise. Cinq courts de tennis ainsi qu'un centre de condition-nement physique, tous situés à proximité de l'hôtel, sont également accessibles aux clients, moyennant des frais supplémentaires.

Parmi la multitude d'hôtels jalonnant la Bahía de Acapulco, l'hôtel **Elcano (17)** *($$$$$; bp, tv, ≡, ⊗, ≈, ℜ, ☺; La Costera 75, C.P. 39840, en face du club de golf, ☎ 84-19-50, ≠ 84-22-30, sans frais des USA et du Canada, ☎ 1-800-97-22-162, sans frais du Mexique, ☎ 91-800-09-075)* offre probablement le meilleur rapport qualité/prix dans sa catégorie. L'Elcano, du nom du marin Sebastián Elcano, le premier marin à avoir accompli le tour complet du monde, parachevant ainsi le trajet entamé aux côtés de Magellan (décédé aux Philippines), peut s'enorgueillir d'être un des plus vieux hôtels établis dans la baie. De ce fait, il possède un emplacement exceptionnel, directement face à la baie et à son ouverture. Chaque chambre jouit donc d'une très belle vue sur la plage, la baie et l'horizon du Pacifique. L'immeuble a été élégamment rénové en 1991, sauvegardant certains éléments d'origine, tel son monumental escalier menant à la piscine. L'utilisation systématique des couleurs bleue et blanche dans l'ensemble de l'édifice, tant au niveau des aires communes que des chambres, y rappelle l'omniprésence du monde marin. Autre preuve de raffinement, les chambres ont été décorées de peintures et de lithographies de la peintre Cristina Rubalcava. Quant au mobilier, de bon goût, il accentue par ses lignes simples l'impression d'une pièce bien aérée, ouverte sur la mer. Les salles de bain, pour la plupart, sont équipées d'un joli meuble-lavabo en bois avec plaque de marbre à l'ancienne. Un coffret de sécurité est également disponible dans chaque chambre. La majorité des chambres possède un balcon privé avec vue directe sur la baie et un élégant mobilier en bois. Les couloirs aux étages qui donnent face à La Costera ont été littéralement inondés de plantes vertes afin de camoufler la vue peu réjouissante de cette autoroute urbaine et d'en étouffer ainsi le bruit. Une petite salle de gymnastique *(lun-ven 8 h à 16 h, sam jusqu'à 19 h, dim 14 h)*, une grande piscine peu profonde *(tlj 9 h à 21 h)*, un bar et un agréable restaurant (voir p 100) complètent les installations de ce très agréable endroit. Finalement, pour ceux qui recherchent le raffinement extrême, sachez que les 20 penthouses ainsi que la suite «lune de miel» de l'hôtel offrent à la fois une vue sur la mer et sur les montagnes, et possèdent une baignoire à remous située à l'extérieur, sur le balcon même. Avis aux amateurs!

Playa Condesa

L'hôtel **Panoramic (30)** *($$-$$$; bd, ≡, ≈, tv, ℜ; Av. Conde-sa 1, de La Costera, prenez la Calle del Morro, puis empruntez la première route à votre droite en suivant ensuite les panneaux indicateurs pour le restaurant Le Campanario, ☎ 84-07-24, 84-07-09 ou 84-07-61,≈ 84-86-39)* dispose de 200 chambres réparties dans deux immeubles se succédant en terrasse, à flanc de colline et un peu à l'écart de l'animation. En raison de leur orientation, face à la baie, les chambres offrent une vue panoramique sur la *bahía*. Celles offrant les meilleurs points de vue sont situées dans l'édifice principal, où se trouve la réception. Le décor des chambres est agréable, et un coffret de sécurité y est disponible. Chaque chambre possède son propre balcon privé, mais sans grande intimité car il donne directement sur une terrasse avec piscine, aménagée en contrebas. Pour les amateurs de sport, deux courts de tennis ainsi qu'un petit terrain de football sont à leur disposition. La plage est située à 500 m de là. Rapport qualité/prix intéressant.

Imaginez deux tours de béton de 30 étages s'élançant l'une à côté de l'autre dans le ciel, voilà les **Torres Gemelas (38)** *($$$; bd, ≡, tv, ℂ, ≈, ℜ; La Costera 1230, entre la Glorieta Diana et le club de golf, ☎ 84-70-10, 84-46-45, 84-48-27 ou 81-26-62, ≈ 84-47-27)*. Vous y trouverez 613 studios sans grand caractère quant au décor intérieur, mais équipés de tout le nécessaire. Parmi ses avantages : les cuisinettes, son accès direct à la plage et sa très grande piscine. Un petit coup de peinture serait toutefois le bienvenu. Pour une vue plus ou moins dégagée, évitez bien sûr les studios faisant face à l'immeuble jumeau.

S'il fallait utiliser un seul mot pour qualifier le décor du **Romano Palace(37)** *($$$; bd, ≡, ≈, ℜ; La Costera 130, entre la Glorieta Diana et le club de golf, ☎ 84-77-30, ≈ 84-13-50 ou 84-79-95, sans frais du Mexique, ☎ 91-800-09-888)*, «kitsch» serait le plus adéquat (son voisin immédiat, l'hôtel Tortuga, avec ses couleurs vives orange et bleue, mérite toutefois la palme!). Après les mosaïques romaines de sa fontaine d'entrée et les fresques reproduisant des chars romains dans les aires commu-nes, le visiteur ne sera plus surpris de découvrir une piscine entourée de colonnes grecques et garnie par-ci par-là d'effigies de David et de la Vénus de Milo! L'édifice en lui-même, bien du

XXᵉ siècle celui-là, se compose d'une grande tour comptant 279 chambres avec balcon. La décoration des chambres, récemment rafraîchies, suit le style original des aires communes, avec une touche d'accent oriental cette fois. Face à celles-ci se trouvent la bruyante artère qu'est La Costera ainsi que la *disco beach*. Cette appellation locale pour désigner ainsi la Playa Condesa n'est pas sans raison, et le voyageur ne sera dès lors pas surpris d'y trouver une succession impressionnante de discothèques, bars et restaurants. Inutile donc de dire que cet endroit conviendra surtout à ceux qui aiment fêter jour et nuit, les établissements débitant de la musique (surtout anglo-saxonne) jusqu'aux petites heures du matin. Finalement, pour être sûr que l'ambiance ne manque pas, l'hôtel participe joyeusement à la fête en mettant un bar avec orchestre à la disposition des clients. Si pour vous Acapulco est synonyme de fête perpétuelle, voilà un bon endroit!

S'élançant droit dans le ciel avec ses 18 étages, le **Fiesta Americana Condesa del Mar (18)** *($$$$; bp, tv, ≡, ≈, ℜ, ☺; La Costera 1220, C.P. 33390, entre la Glorieta Diana et le club de golf, ☎ 84-28-28, ≈ 84-18-28, sans frais du Mexique, ☎ 91-800-50-450, sans frais des USA et du Canada, ☎ 1-800-FIESTA-1)* compte 500 chambres confortables au décor convenable mais sans âme. Étant donné que l'édifice est situé parallèlement à la baie, aucune de ses chambres standards n'offre de vue complète sur la mer. Toutefois, elles bénéficient toutes d'un petit balcon privé (grande terrasse pour les suites juniors). Quant aux aires communes, impeccablement entretenues, elles rappellent quelque peu les immeubles de bureaux. Choisissez une chambre dans l'aile droite pour bénéficier du coucher du soleil ou dans l'aile gauche pour le lever. Comme pour tout hôtel de cette catégorie qui se respecte, bars, restaurants, boutiques, salon de beauté et bien d'autres services et installations se trouvent au rez-de-chaussée de l'immeuble. La piscine, agréablement située en surplomb sur la plage, est malheureusement relativement modeste pour un établissement de cette capacité. Étant donné que l'ensemble de l'édifice fut construit au sommet d'un monticule rocheux, il est nécessaire d'emprunter des escaliers pour se rendre sur la plage, ce qui en rend ainsi l'accès plus difficile. La plage étant très fréquentée à cet endroit (plusieurs bars y sont installés à même la plage), cet hôtel conviendra surtout aux personnes appréciant l'animation constante.

De Playa Condesa à Playa Hornitos

Établi à 100 m de la plage, le **Motel Acapulco-Hotel Park Acapulco (29)** (*$$; bd, ≡, ≈; La Costera 127, entre la Glorieta Diana et le Parque Papagayo, Apto 269, ☎ 85-54-37, 85-59-92 ou 85-60-72, ≈ 85-54-89)* dispose de 88 chambres simples, pour la plupart réparties autour d'un jardin arboré. Au centre de ce dernier, une agréable piscine vient ajouter une touche de fraîcheur à l'endroit. Tandis que certaines chambres possèdent un petit coin balcon avec vue sur le jardin (sans intimité cependant), d'autres, situées du côté de la Plaza Bahía, donnent sur la rue latérale, sans intérêt. Le mobilier, simple et tout en bois naturel, confère une allure sympathique aux lieux. Aussi, chaque chambre possède un réfrigérateur. Le bruit de fond engendré par le climatiseur procure toutefois un certain inconfort. Des coffrets de sécurité sont mis à la disposition de la clientèle à la réception entre 9 h et 21 h. Pour les sportifs, des courts de tennis sont accessibles de 7 h à 23 h *(50 pesos à 85 pesos l'heure)*.

Installé à même la plage, le **Howard Johnson Maralisa (20)** (*$$$; bd, ≡, tv, ≈, ℜ; La Costera, C.P. 39670, près de la Calle Alemania, entre la Glorieta Diana et le Parque Papagayo, ☎ 85-66-77, ≈ 85-92-28, sans frais des USA et du Canada, ☎ 1-800-446-46-56)* propose des chambres simples, au décor dépouillé et sans grande originalité. Elles sont réparties dans deux édifices s'élevant sur quatre niveaux, dont un seul seulement fait face à la mer. La plupart n'ont pas de vue sur mer, et celles qui ont l'avantage de faire face au littoral manquent souvent d'intimité. Leurs balcons font en effet directement face aux deux petites piscines de l'hôtel, engendrant ainsi un bruit constant de cris et de rires. Dans les aires communes, l'affiche annonçant l'interdiction d'amener de la nourriture dans les chambres est littéralement peu invitante.

Bien qu'il soit classé sous l'appellation d'hôtel, le **Bali-Hai (5)** (*$$$; bd, ≡, ≈; La Costera 186, entre le Parque Papagayo et la Glorieta Diana, ☎ 85-70-45 ou 85-66-22, ≈ 85-79-72)* n'est en réalité qu'un motel. Les chambres, réparties sur deux niveaux, sont garnies de mobilier très modeste et sans goût. L'établissement possède deux piscines entourées de palmiers, mais le béton y règne en maître et la vue s'y limite aux stationnements qui se trouvent face aux chambres. Un coffret de sécurité est disponible à la réception de 7 h à 23 h. La plage est à 5 min de marche.

Par comparaison avec le gigantesque Qualton Club Acapulco (voir p 92), situé à proximité, le **Maris Hotel (28)** (*$$$; bd, tv, ≡, ≈, ℜ; La Costera, C.P. 39580, entre le Parque Papagayo et la Glorieta Diana, ☎ 85-85-43 ou 85-84-40, ⇌ 85-84-92)* paraît bien modeste avec ses 12 étages. Vous y trouverez de grandes chambres au décor un peu kitsch et défraîchi mais malgré tout agréable. Cet établissement a l'avantage d'être situé directement sur la Playa Hornos et d'avoir des chambres avec balcon donnant sur la mer. Celles du côté ouest offrent même une vue complète sur la baie. Au rez-de-chaussée, une petite piscine décorée d'un joli pilier sculpté à motifs précolombiens agrémente les lieux. Autre atout, son nombre relativement limité de chambres (84) en fait un endroit nettement plus convivial que les géants qui l'entourent. Aussi, cet établissement est un endroit très fréquenté par les familles mexicaines. Malheureusement, la présence d'un canal d'écoulement d'eaux usées à proximité de la plage (entre l'hôtel Maris et le Qualton) n'est pas des plus rassurants.

Proposant la formule du tout-inclus (voir p 47), l'hôtel **Paraíso Acapulco (32)** (*$$$; bp, ≡, tv, ≈, ℜ; La Costera 163, C.P. 39670, à proximité du Parque Papagayo, ☎ 85-55-96, ⇌ 82-45-64, sans frais des USA et du Canada, ☎ 1-800-342-AMIGO)* dispose de chambres équipées de deux grands lits et réparties dans une tour de 19 étages. Le décor et l'ameublement font plutôt vieillots et mériteraient un bon rafraîchissement. Chaque chambre possède un balcon privé avec vue sur mer ou sur les montagnes. Bien que l'hôtel possède une agréable piscine située directement face à la plage, celle-là s'avère trop petite pour le nombre de clients. Aussi, étant donné que cet établissement compte pas moins de 417 chambres, le va-et-vient constant de la clientèle n'en fait pas un endroit très reposant. La proximité du Parque Papagayo permettra toutefois aux voyageurs à la recherche de calme de jouir d'un peu d'évasion.

Composé de plusieurs bâtiments reliés entre eux, le **Club del Sol (9)** (*$$$; bp, ≡, tv, ℂ, ≈, ℜ, ☺; La Costera, entre le Parque Papagayo et la Glorieta Diana, ☎ 85-66-00 ou 85-62-64, sans frais des USA et du Canada, ☎ 1-800-782-32-92, sans frais du Mexique, ☎ 91-800-09-666)* propose des studios entièrement équipés avec cuisinette. Au centre du complexe, vous trouverez plusieurs piscines dont certaines avec bar, le tout entouré de nombreux arbustes et plantes, ainsi que quelques palmiers. Un court de squash ainsi qu'un centre de culture physique sont également à la disposition des clients. L'ensemble des bâtiments se trouve à 300 m de la plage, à proximité immédiate de La Costera, dans une zone très commerciale. L'établissement possède son propre restaurant-bar, sa discothèque et ses magasins, mais vous n'aurez aucun mal à trouver tout ce dont vous avez besoin pour vous alimenter ou pour vous divertir en soirée dans les environs. Comme ce méga-complexe compte pas moins de 400 studios répartis sur plusieurs rues, demandez à voir le vôtre avant de le louer : tandis que certains ont vu sur les piscines, d'autres donnent directement sur les rues latérales à La Costera ou encore directement sur cette dernière. Quel que soit votre choix, sachez que cet endroit conviendra surtout aux personnes appréciant l'animation constante et la présence de familles nombreuses.

Continental Plaza (10) (*$$$ ou $$$$ pour studio avec* ℂ*; bp, tv,* ≡*,* ≈*,* ℜ*; La Costera, peu après la Glorieta Diana, juste à l'ouest du Paseo del Farallón,* ☎ *84-09-09,* ≈ *84-20-81, sans frais du Mexique,* ☎ *91-800-091-100).* Ce grand complexe hôtelier de 390 chambres est composé de deux bâtiments installés directement à même la plage. Tandis que le bâtiment principal, abritant les chambres, fait directement face à la mer, l'autre, renfermant surtout des studios, est situé perpendiculairement à la baie et en n'offre donc qu'une vue partielle. De plus, la construction d'une nouvelle tour faisant face au bâtiment principal n'augure rien de bon pour le futur. La décoration des aires communes, où pierres et boiseries forment l'élément principal, est agréable mais un peu vieillotte. En ce qui concerne les chambres, la plupart d'entre elles possèdent un balcon, une salle de bain en travertin et un mobilier adéquat. Un rafraîchissement général serait toutefois souhaitable. La grande et agréable piscine (avec glissoire d'eau pour enfants), tout entourée de palmiers et dotée d'un bar, constitue l'un des avantages indéniables de cet endroit, avec celui d'être établi tout près des principaux centres commerciaux. Les nombreuses boutiques, le Spa, le service de garderie ainsi que les divers restaurants et bars de l'hôtel raviront les personnes appréciant avoir tout à proximité, en plus de l'animation.

Après un sérieux lifting, l'ancien Ritz Acapulco apparaît sous un nouveau jour et sous un nouveau nom : le **Qualton Club Acapulco (36)** *($$$$; bd, ≡, tv, ≈, ℜ; La Costera, entre le Parque Papagayo et la Glorieta Diana , ☎ 86-82-10, ≈ 86-83-24)*. Les propriétaires ont également décidé d'adopter la nouvelle formule du tout-inclus (voir p 47). L'établissement dispose de deux différentes catégories de chambres : les «Junior Suites», de type standard, situées dans l'aile nord, et les versions «Luxes», plus amples et plus luxueuses, situées dans l'aile sud. Malgré cette différence, presque toutes les chambres disposent d'un balcon privé avec vue sur la mer. La décoration, de style «Santa Fe», aux jolies couleurs de terre, y est de bon goût. Une grande piscine, une discothèque, un restaurant italien, un bar et une large terrasse avec resto-buffet complètent les installations de l'hôtel. Les propriétaires prévoient également la construction d'une salle de conditionnement physique. Bien que l'établissement soit situé à même l'agréable plage Hornos, la présence d'un canal d'écoulement d'eaux usées à proximité (près de l'hôtel Maris) n'est pas des plus agréables et des plus rassurants.

Parmi les «géants» de la baie, l'**Acapulco Playa Suites (1)** *($$$$; bp, ≈, ≡, tv; La Costera 123, Apto 77, C.P. 39670, face à la Playa Hornitos, ☎ 85-80-50, ≈ 85-87-31, sans frais des USA et du Canada, ☎ 1-800-44-83-55, sans frais du Mexique, ☎ 91-800-09-190)* peut se vanter de disposer de 502 suites, réparties dans deux édifices se faisant face et établis à même la plage. Après avoir passé par le hall d'entrée, plutôt froid et institutionnel, le visiteur sera surpris par l'originale disposition des pièces. En effet, après la chambre à deux grands lits, on accède en contrebas à un petit salon doté d'un balcon privé. Depuis la chambre, une grande ouverture permet une vue sur le salon. En ce qui concerne le décor, malgré un choix de coloris discutable, il s'avère relativement agréable. Toutes les suites possèdent un divan-lit, ce qui en fait un lieu intéressant pour les personnes voyageant avec enfant *(ajouter 180 pesos par personne)*. Pour une vue agréable, choisissez la tour sud, car les balcons de la tour nord sont orientés vers La Costera. En plus d'une vue partielle sur la baie ainsi que sur la piscine, vous pourrez y bénéficier du soleil couchant.

Parent du Fiesta Americana, l'**Acapulco Plaza (2)** *($$$$; bp, tv, ≡, ≈, ℜ, ☺; La Costera 123, C.P. 39670, entre la Glorieta Diana et le Parque Papagayo, ☎ 85-90-50 ou 69-00-00, ≈ 85-52-85*

ou 85-54-93, sans frais des USA et du Cana-
da, ☎ *1-800-FIESTA-1, sans frais du Mexique,*
☎ *91-800-50-450)* se fait remarquer non seulement par sa taille
impressionnante (28 étages), mais aussi par son architecture
futuriste. Le premier élément qui retient l'attention ici est sans
aucun doute ces deux tours penchées (côté La Costera),
comme si un tremblement de terre les avait ainsi fait se
télescoper l'une contre l'autre. Le résultat ne manque pas de
surprendre. Autre élément insolite : le bar (La Jaula), suspendu
au moyen d'un long câble à partir du toit de l'immeuble. Pour
y accéder, il vous faudra passer par un petit pont qui le relie à
l'hôtel. En contraste avec ces quelques réalisations originales,
la décoration des aires communes se limite à du béton peint et
à de la moquette défraîchie, aux couleurs brune et bordeaux
plutôt déprimantes. La grande majorité des chambres n'ont
qu'une vue partielle sur la baie, mais toutes possèdent un
balcon. Un coffret de sécurité est disponible dans chaque
chambre. Parmi les avantages : une piscine amusante, en forme
de promenade avec de petits ponts la surplombant, deux
bassins à remous, une salle de culture physique, un court de
tennis ainsi que plusieurs bars et restaurants.

De Playa Hornos au Malecón

Pour ceux qui cherchent à se loger à très bon compte, l'**Hotel
del Valle (14)** *($; bd,* ≡*,* ⊗*,* ≈*; Gonzálo G. Espinosa 150, tout
près de La Costera, à côté du Parque Papagayo et du côté est
de celui-ci,* ☎ *85-83-36 ou 85-83-88)* est une bonne adresse,
simple, bénéficiant de balcons avec vue sur le parc et même
d'une petite piscine, le tout pour la modeste somme de
150 pesos (170 pesos avec air conditionné), que demander de
plus?

Affilié à la chaîne Best Western, l'hôtel **De Gante (13)** *($$; bp,*
≡*, tv; La Costera 265, à proximité du Fuerte San Diego,* ☎ *86-
39-09, 86-21-29 ou 86-23-00,* ⇜ *86-20-19)* donne directement
sur la bruyante Costera. Malgré son aspect vieillot, tant
extérieur qu'intérieur, il dispose néanmoins de mobilier adéquat,
et ses chambres sont bien entretenues. De plus, l'usage de
double vitrage dans les chambres est particulièrement apprécié
à cet endroit très passant. La proximité du Zócalo et de ses
nombreux restaurants à bas prix en fait un endroit intéressant
pour les voyageurs à budget restreint. Certaines chambres ont

une vue directe sur la mer, et il n'y a qu'à traverser La Costera pour rejoindre la plage. L'affiche annonçant une pénalité aux personnes apportant de la nourriture dans l'hôtel a cependant de quoi surprendre et ne s'avère pas des plus accueillantes!

Las Hamacas (24) *($$ pdj; bd, ≡, tv, ≈, ☺; La Costera 239, juste après le Fuerte San Diego en se dirigeant vers l'est, tout près de la Plaza 5 de Mayo, ☎ 83-77-46 ou 83-77-09, ≠ 83-05-75)*. Le seul attrait particulier qui caractérise cet établissement ressemblant plus à un motel qu'à un hôtel est sa grande piscine, tout entourée de palmiers. Réparties sur trois niveaux, les chambres possèdent toutes leur propre terrasse, mais seules celles des 2e et 3e étages bénéficient d'un peu d'intimité. Dans l'ensemble, le mobilier est plutôt défraîchi, et certains couloirs menant aux chambres sont sombres et d'aspect lugubre. Pour bénéficier d'une vue relativement agréable (sur la piscine et le jardin intérieur), demandez une chambre du dernier étage. Pour accéder à la plage, à 500 m de là, il vous faudra traverser La Costera, ce qui ne va pas toujours sans mal. Malgré un mauvais rapport qualité/prix, il n'en reste pas moins un endroit qui peut représenter une aubaine pour les budgets restreints.

Bien qu'il soit d'aspect extérieur moderne, l'hôtel **El Cid (15)** *($$; bd, ≡, ≈, ℜ; La Costera 248, face à la Playa Hornos, entre le Parque Papagayo et le Zócalo, ☎ 85-13-12, ≠ 85-13-87)* propose de modestes chambres réparties sur six étages. La majorité ont un balcon privé mais sans intimité, car elles donnent directement sur la petite piscine de l'établissement. Le mobilier y est plutôt vieillot et purement utilitaire. Quant au décor, il est quasiment absent. Pour avoir une vue dégagée, il vous faudra demander une chambre faisant face à La Costera et située au dernier étage. Une terrasse couverte de gazon ainsi que la présence de quelques palmiers rappellent aux touristes qu'ils sont sous les tropiques. La plage se trouve à proximité, et il n'y a que La Costera à traverser pour s'y rendre.

La Península de las Playas

Malgré la déprimante présence d'un immeuble abandonné lui faisant face, l'**Hotel Playa Caleta (33)** *($$ avec ⊗, sans vue, $$$ avec ≡ et vue; bd; Calle Alta 19, face à la Playa Caleta, ☎ 83-37-24)* mérite une mention pour son emplacement, à même la Playa Caleta et tout à côté de la Playa Caletilla. Vous y trouverez des chambres au décor très simple mais propres. Demandez celles situées côté plage, plus claires, et de ce fait plus agréables. L'endroit est très fréquenté par les touristes mexicains. Modeste certes, mais bon marché!

Juché sur un monticule surplombant la Playa Caleta, le complexe **Gran Meigas (19)** *($$$; bd, tv, ≡, ≈, ℜ; Cerro de San Martín, à proximité de la Playa Caleta, ☎ 83-93-34 ou 83-78-35, ≈ 83-91-25, sans frais du Mexique, ☎ 91-800-09-200)* propose la formule du tout-inclus. Les chambres ont l'avantage d'avoir une vue dégagée sur la mer et leur propre balcon. L'ameublement, moderne et sans style particulier, se restreint au strict nécessaire, formant ainsi un décor assez monotone. Néanmoins, l'utilisation par-ci par-là de quelques éléments décoratifs de couleurs vives combinée à la jolie vue depuis le balcon ravive quelque peu les lieux. Bien que le complexe hôtelier ne soit pas établi à même la plage, celle-ci n'est qu'à une centaine de mètres et est facilement accessible depuis l'hôtel. Aussi, depuis son agréable jardin-terrasse aménagé en front de mer, vous pourrez profiter de deux grandes piscines, dont une est construite au sommet d'une petite falaise.

Auriez-vous crû un jour pouvoir loger dans la même chambre qu'utilisèrent jadis des personnalités aussi célèbres que John Wayne, Johnny Weissmuller (Tarzan), Cary Grant, Errol Flynn et bien d'autres stars hollywoodiennes encore. Eh bien oui, ce fantasme deviendra réalité à l'hôtel **Los Flamingos (25)** *($$$-$$$$ avec terrasse privée; bd, ≡, ≈, ℜ; López Mateos, près de l'Av. Coyuca; cet hôtel étant difficile à trouver, il est préférable de s'y rendre en taxi, de Playa Caleta comptez 8 pesos; C.P. 70, ☎ 82-06-90, 82-06-91 ou 82-06-92, ≈ 83-98-06)*, bâti à flanc de colline, à 10 min de la Playa Caleta. Cet hôtel, conçu dans les années trente et qui en garde aujourd'hui encore tout le style, fut en effet acheté en 1954 par John Wayne en association avec d'autres acteurs. Racheté en 1960 par Adolfo Santiago, l'ancien concierge de la star, l'établissement a su précieusement conserver jusqu'à ce jour toutes les photos des vedettes ayant fréquenté les lieux. Vous pourrez ainsi admirer ces inestimables souvenirs à proximité immédiate de la réception. Bien que l'aménagement des chambres soit des plus modestes (de style «motel»), leur emplacement, en bordure de falaise, avec vue plongeante sur la mer et sur l'Isla Roqueta, en fait un lieu des plus charmants.

Tandis que certaines chambres font face à une galerie commune, d'autres possèdent leur propre balcon. Ces dernières disposent également de l'air conditionné, bien que moins nécessaire en ces lieux élevés rafraîchis par la brise. Enfin, pour les vrais fans de John Wayne, sachez qu'il est possible de louer la *casa redonda* (prix à déterminer au cas par cas avec le propriétaire), lieu que l'acteur affectionnait particulièrement. Située un peu à l'écart, cette maisonnette de forme ronde était la demeure particulière de l'acteur lors de ses séjours à Acapulco. Quel que soit votre choix, cet endroit saura vous garantir quiétude et calme, ce qui conviendra donc particulièrement aux personnes désirant fuir les nuisances de la ville. Pour ceux qui désirent seulement visiter les lieux, sachez qu'un joli bar les y accueillera, une occasion unique de goûter le célèbre Coco Loco, qui serait né ici même paraît-il!

Vu de l'extérieur, l'hôtel **Plaza Las Glorias (35)**, appelé aussi «Le Mirador» *($$$$; bp, ≡, ≈, tv, ℜ; Quebrada 74, Col. La Mira, C.P. 39300, ☎ 83-12-60 ou 83-11-55, ≠ 82-45-64, sans frais du Canada et des USA, ☎ 1-800-342-AMIGO, sans frais du Mexique, ☎ 91-800-90-229)* manque un peu de charme. Une fois passé la réception à l'allure un peu institutionnelle, le visiteur aura la joie de découvrir un ensemble de maisonnettes sympathiques. Tandis que certaines sont littéralement accrochées aux falaises, d'autres sont réparties à flanc de colline. Bien que la majorité d'entre elles possèdent un balcon privé, quelques-unes seulement ont une complète vue sur la mer. On accède aux chambres en empruntant une série de sentiers et d'escaliers, le tout traversant de jolis jardins fleuris. Dans certains cas même, l'utilisation de un ou deux funiculaires sera nécessaire pour rejoindre votre habitation. La décoration des chambres, à l'accent tropical, est de bon goût, et les lieux sont bien entretenus. Trois piscines, dont une est à l'eau de mer, sont à la disposition de la clientèle. L'établissement étant installé tout à côté des falaises d'où les célèbres *clavadistas* exécutent leurs sauts (voir p 75), vous pourrez, moyennant 61 pesos, admirer les exploits des plongeurs depuis sa grande terrasse-bar tout en sirotant deux boissons. Pour vous rendre à l'hôtel, du Zócalo, suivez la Calle La Quebreda, laquelle, après une bonne montée, vous mènera directement à la Plaza Las Glorias.

RESTAURANTS

Afin de simplifier la lecture du présent chapitre, nous utiliserons le terme abrégé de «La Costera», fréquemment utilisé par les habitants d'Acapulco, pour désigner l'Avenida Miguel Alemán. D'autre part, en raison de la longueur même de la baie d'Acapulco (16 km), nous avons découpé cette dernière en cinq zones, facilitant ainsi le repérage des divers restaurants. D'est en ouest, ces cinq zones sont : **Playa Icacos**, **Playa Condesa**, de **Playa Condesa à Playa Hornitos**, de **Playa Hornos au Malecón**, **la península de las Playas**.

Playa Icacos

Littéralement coincé entre ses concurrents, **Checkers** *($; juste un peu à l'ouest de l'hôtel Days Inn)* est un petit restaurant à l'allure très modeste, très fréquenté par les Mexicains qui y viennent pour sa *comida corrida*, que vous pourrez manger pour 18 pesos seulement. Une véritable aubaine dans cette partie de la baie où tout est plus cher.

Taco Inn *($; La Costera 22, face à l'hôtel Days Inn)*. Ah! *Tacos* quand tu nous tiens! Dans un décor moderne, à de petites tables recouvertes de carreaux de faïences colorées, vous pourrez les déguster à volonté et à toutes les saveurs. Bons et pas chers, à midi comme à minuit. Pour les insomniaques ou pour les oiseaux de nuit, la cuisine est ouverte tous les vendredis et les samedis jusqu'à 6 h du matin.

Faisant suite à une série de terrasses de restaurants établis les uns à côté des autres, le **100 % Natural** *($; tlj 7 h à 23 h; La Costera, à l'ouest de l'hôtel Days Inn)* (voir aussi p 99, 107) paraît de prime abord peu accueillant. Les tables n'y sont pas des plus propres, et la vaisselle gagnerait à être remplacée (tasses ébréchées, assiettes fêlées). Malgré cela, force est de constater qu'à cet endroit de La Costera peu d'établissements peuvent servir aux végétariens un petit déjeuner aussi complet et économique. Jugez-en par vous-même : 16 pesos pour un repas comprenant un jus, une entrée de fruits frais, un yaourt avec céréales, deux toasts avec confiture et un excellent café *de la olla* (expression familière désignant le café-filtre)! Quant à ceux qui préfèrent le plat classique d'œufs, ils seront ravis de les voir accompagnés de pain de blé entier. Malgré le manque d'esthétisme des lieux, cet endroit est une bonne adresse pour la qualité des mets proposés ainsi que pour le service, amical et efficace.

El Cabrito *($; tlj 14 h à 1 h; La Costera 1480, à proximité du Hard Rock Cafe, ☎ 84-77-11).* Tel que l'indique son nom en espagnol, la spécialité de la maison est la viande de chèvre. Parmi les curiosités, la tête de chèvre farcie, dont les yeux sont, paraît-il, la partie la plus délicieuse! Avis aux amateurs! Si toutefois vous ne raffolez pas de ce genre de mets, vous pouvez toujours opter pour le *mole negro oaxaqueño*, une spécialité de l'État d'Oaxaca. Ce délicieux mets se compose, entre autres, de *tortillas* mexicaines farcies au choix, recouvertes d'oignons et d'une sauce épaisse à base de chocolat, le tout saupoudré de fromage d'Oaxaca. Un véritable délice à ne pas manquer!

Dans un décor campagnard, composé d'une terrasse ouverte avec plancher de céramique, le restaurant **Fersato's** *($$; La Costera 44, face aux Casas de la Cultura, ☎ 84-39-49)* propose au menu du *pollo mole* (voir p 50) ainsi qu'un excellent *filete al mojo de ajo* (filet de poisson apprêté au beurre à l'ail) accompagné d'une salade et de vraies frites. Les légumes marinés servis en accompagnement avec le pain sont excellents. Bon rapport qualité/prix.

Parmi tous les **Sanborn's** *($$; La Costera, à proximité de l'hôtel Days Inn)* de La Costera, le plus agréable est sans doute celui établi dans le nouveau centre commercial Oceanico 2000. Installé là depuis peu, il offre une agréable salle climatisée dans un cadre flambant neuf. Pour les amateurs de café corsé, sachez que tout à côté, dans le hall d'entrée du complexe, un petit comptoir vend du véritable *espresso* à 8 pesos seulement. Faisant suite à l'expansion de la chaîne, non loin de là, un second **Sanborn's** *($$; La Costera, juste avant La Costera A Vieja)* est également établi. Installé dans un ancien restaurant de la chaîne Dennis, ce dernier est un peu déprimant, mais une rénovation des lieux est toutefois envisagée très prochainement. Pour l'instant, il ne possède qu'une petite section «librairie» et ne dispose que de quelques disques. Se trouvant à proximité de plusieurs bars et discothèques, il devrait pouvoir bénéficier de jours meilleurs.

Si une envie de cuisine italienne vous prend, n'hésitez pas à vous rendre à la **Spaghetti House** *($$; La Costera 78-2, face à l'hôtel Calinda Beach)*, où, dans un décor sans intérêt, vous pourrez choisir entre 16 sortes de plats de pâtes différents. De nombreuses pizzas ainsi que des mets traditionnels napolitains y sont aussi proposés.

Spécialisé dans la cuisine mexicaine, **Los Rancheros** *($$; Carretera Escénica 38, à proximité de la discothèque Extasis, ☎ 84-19-08)* est surtout réputé pour ces soirées *pozole* avec spectacle de travestis tous les jeudis de 18 h à 22 h. Ce jour-là, l'établissement est également très fréquenté par les gays.

Mariscos Pipo *($$; tlj 13 h à 21 h 30; La Costera, en face Centro de Convenciones, à l'ouest du Hard Rock Cafe, ☎ 84-01-65)*. Partie intégrante d'une chaîne familiale, cet restaurant est réputé auprès des Mexicains pour son grand choix de fruits de mer. Parmi les avantages de cette succursale, ses heures d'ouverture relativement plus longues et son emplacement, à proximité de divers services. L'usage d'assiettes en plastique est toutefois à déplorer.

100 % Natural *($$; tlj 7 h à 23 h; La Costera 34, face à l'hôtel Days Inn et au complexe Oceanico 2000)* (voir aussi p 99, 107). Que ce soit pour sa terrasse bordée de palmiers et garnie de nombreuses plantes, ou pour sa salle remplie de nombreux objets anciens hétéroclites, cet établissement est le plus agréable de la chaîne. Malheureusement, pas de formule économique proposée pour le petit déjeuner, et il faut donc le composer soi-même depuis la carte. Aussi, les prix pratiqués y sont plus élevés que chez ses «confrères». En contrepartie, tant les portions des plats que celles des jus sont littéralement énormes, et vous pouvez très bien partager *(compartir)* un plat à deux.

Pour les amateurs de viande, le restaurant **Mansión** *($$$; La Costera 81, en face du club de golf, ☎ 81-07-96)* constitue un véritable temple de la viande grillée. Les viandes y sont tendres à souhait, mais leur accompagnement est plutôt pauvre. Les légumes manquent en effet de variété; de plus, les pommes de terre en chemise (ou en robe des champs) ou les frites qui accompagnent les plats vous seront facturées en supplément! Pour vous mettre l'eau à la bouche, sachez qu'un Rib Eye Argentino de 650 g vous sera servi au prix de 115 pesos et un *churrasco* de 800 g pour 105 pesos. Des plats du jour sont également disponibles à partir de 58 pesos. Pour les consommations, on aura tendance à jouer la modération, étant donné les prix élevés (14 pesos pour une bière nationale!). Quant aux desserts, même avec leur appellation ronflante, ils sont malheureusement décevants et hors de prix (essayez la *crepas de cajeta*, une espèce de *tortilla* au caramel). Pour finir, dernière petite frustration, la *propina* (le service) vous sera ajoutée d'office sur l'addition. Malgré ces quelques désagréments, l'excellent *espresso* aura vite fait de vous réconcilier avec la fin du repas. Aussi, le décor présentant d'agréables poutres apparentes, un plancher de carrelé et de jolies peintures de couleurs vives accrochées aux murs, il serait dommage de ne pas profiter des lieux, d'autant plus que la qualité de la viande est excellente.

Situé au sein de l'hôtel Elcano (voir p 86), le restaurant **Bambuco**(*$$$; La Costera 75, ☎ 84-19-50)* est l'endroit idéal pour qui recherche une soirée calme dans un cadre raffiné. À une terrasse faisant directement face à la Playa Icacos, à l'abri de petits toits métalliques imitant des *palapas*, vous pourrez savourer un rafraîchissant *gaspacho*, suivi de *camarones al ajillo*, d'une savoureuse *paella valenciana* ou encore d'un filet de *huachinango*. Assis ainsi confortablement dans un fauteuil en osier, la brise caressant les palmiers plantés tout à proximité, vous pourrez vous laisser bercer au son des douces complaintes des vagues sans cesse en mouvement. Bien qu'il soit un peu cher, cet endroit est particulièrement agréable au petit déjeuner (environ 40 pesos).

Installé au sein d'une sobre villa, le restaurant **Suntory** *($$$; tlj 14 h à 24 h; La Costera 36, à proximité de l'hôtel Palapa et du centre aquatique CICI, ☎ 84-80-88 ou 84-87-66)* propose, comme tout bon restaurant japonais qui se respecte, non seulement des sushis mais aussi des tables *teppan-yaki*. Cuits directement devant vous, de petits morceaux de poisson ou de viande sont ainsi directement posés dans votre assiette, accompagnés de délicieux légumes et de riz. Le décor, on ne peut plus japonais, est élégant, mais, ce qui retient surtout l'attention, c'est sa terrasse et le magnifique jardin (le mot n'est pas trop fort!) qui lui fait face. Pour les amateurs de «sensations fortes», sachez que vous pouvez vous-même pêcher votre poisson dans le bassin du restaurant! Assez cher, mais service irréprochable.

Heladería *(glacier)*

Dans un décor plutôt américanisé, **Baskin & Robbin** *(face au Sanborn's Oceanico 2000)* propose un grand choix de crèmes glacées dont certaines sont faibles en gras et sans sucre ajouté. Avis aux amateurs de la bonne forme!

Playa Condesa

Si vous recherchez un Sanborn's (voir p 98) à proximité de la plage et de l'animation, le **Sanborn's** *($$; La Costera 1226, à proximité des Torres Gemelas)* situé face à la Playa Condesa est une bonne adresse, d'autant plus qu'il dispose d'une terrasse extérieure.

100 % Natural *($$; Plaza Acapulco, un peu à l'ouest de Carlos 'n Charlie's)* (voir aussi p 99, 107). Installé à l'étage d'un grand édifice, cet établissement offre un décor très agréable, composé de palmiers en métal sculpté et de nombreuses plantes vertes, le tout sous un plafond de vélums. Seule «fausse note» dans ce cadre élégant : la présence de l'éclairage au néon. Vous pourrez y goûter des salades copieuses ou un délicieux hamburger au soya. Comme son «confrère» installé face à l'hôtel Days Inn (voir p 82, 99), cet établissement pratique des prix quelque peu élevés, mais les portions servies sont gargantuesques. Assez curieusement, l'établissement n'accepte que les cartes de crédit American Express.

Trouver un restaurant chinois à Acapulco n'est pas chose aisée. Si un goût d'Asie vous prend subitement, rendez-vous au restaurant **Shangri La** *($$; Piedra Picuda, près du magasin Blue Jeans, à proximité de l'hôtel Fiesta Americana Condesa, ☎ 84-73-47)*, où vous pourrez goûter de l'authentique cuisine cantonaise. Malgré une entrée peu accueillante, vous pourrez bénéficier d'une agréable terrasse installée au sein d'une cour intérieure et à l'abri de la bruyante Costera. Toutefois, tant l'ameublement que l'aménagement général mériteraient un sérieux coup de pinceau. À l'abri de grands arbres, vous pourrez déguster les grands classiques de la cuisine chinoise : canard à l'amande, porc à la sauce aigre douce, bœuf aux légumes sautés, etc. De plus, diverses formules à prix économique y sont proposées pour deux personnes. Comptez de 55 pesos à 85 pesos par personne pour un menu incluant trois entrées, trois plats, le dessert et le café. Un excellent rapport qualité/prix.

Fréquenté par un public jeune, le **Carlos 'n Charlie's** *($$$; La Costera 112, face à la Playa Condesa, à proximité des Torres Gemelas,* ☎ *84-00-39)* est surtout un lieu où l'on se rend pour prendre un verre accompagné d'une légère collation. Si vous appréciez la musique anglo-saxonne jouant à tue-tête, il s'agit de l'endroit idéal. En ce qui concerne le décor, les propriétaires jouent assurément la carte de l'excentricité. Après avoir accédé à l'étage, vous découvrirez toutes sortes d'objets hétéroclites dont des casquettes géantes accrochées au plafond et un immense porte-voix suspendu avec lequel le serveur hurle sa commande. Dans une petite loggia située à l'étage, un boulanger confectionne les petits pains qui accompagnent les plats. Au son de la cloche (originalité et bruit obligent!), ces derniers sont livrés aux serveurs dans un panier en osier descendu au moyen d'une corde. Bref, si vous recherchez le calme, fuyez cet endroit. Les mets, de bonne qualité, y sont de type mexicain et international. Amusant et modérément cher.

Entouré d'une multitude de bars d'un goût douteux, le **Beto** *($$$; La Costera, face à la Playa Condesa et à proximité des bars Safari et Black Beards,* ☎ *84-04-73)* est un endroit attrayant, établi en contrebas de La Costera, face à la plage. Après avoir descendu un série d'escaliers garnis de nombreuses plantes vertes, vous aboutirez face à une jolie terrasse, tout aussi verdoyante. Assis à une agréable table et à la lumière de chandelles, vous pourrez goûter de bonnes crevettes ou, si vous préfèrez les viandes, à un tendre filet mignon dans une cadre exotique et à l'abri de palmiers. Bien qu'il soit situé dans un endroit particulièrement touristique et bruyant, et malgré ses prix un peu élevés, cet établissement mérite une mention pour sa relative quiétude et son décor élégant.

Pour de la cuisine italienne dans un cadre raffiné, rendez-vous au restaurant **Raffaello** *($$$; La Costera 1221,* ☎ *84-01-00)*, à proximité des Torres Gemelas. Pour bien débuter, l'*ensalada salsa roquefort* (salade accompagnée d'une sauce roquefort) ou l'*ensalada caprese* (malheureusement, le *boconchini* est ici remplacé par un fromage de style cheddar) constitue une entrée rafraîchissante. Pour poursuivre le repas, le spaghetti *armando*, au thon et aux petits pois, et l'osso buco sont des valeurs sûres. Finalement, pour terminer tout en douceur, la tarte aux fraises ou aux abricots mérite une mention. La salle principale, dotée de hauts plafonds et de jolis piliers en pierre, est décorée de plusieurs jarres éclairées et de nombreuses plantes. Une entrée très élégante, garnie de part et d'autre de vitraux représentant certaines provinces d'Italie, complète agréablement le décor de cet endroit. Le service y est impeccable, mais un peu trop empressé.

Installé au sein d'une vaste propriété, le restaurant **El Campanario** *($$$$; tlj 18 h à 24 h; à flanc de colline, au-dessus de l'hôtel Panoramic, prenez la Calle del Morro, et empruntez la première route à votre droite, puis suivez ensuite les panneaux indicateurs,* ☎ *84-88-30 ou 84-88-31)* semble être de prime abord un vieux couvent rénové. Cependant, malgré son aspect ancien et son petit clocher, cette construction date en réalité de 1985 et n'a bien sûr jamais été un édifice religieux. Bâti en hauteur et à flanc de colline, El Campanario offre depuis sa large terrasse une vue à couper le souffle s'étendant sur toute la baie. Après avoir accédé à son entrée majestueuse, le visiteur découvre une succession de petites salles ouvertes sous voûte et dôtées de belles colonnes de brique. Le mobilier rustique ainsi que les belles chaises de bois et de cuir qui accompagnent les tables confèrent à l'endroit un petit air colonial. Par-ci par-là, des jarres géantes ainsi que de nombreuses plantes suspendues dans des paniers d'osier complètent joliment le décor. En ce qui concerne la cuisine, bien qu'elle soit de bonne qualité, on aurait espéré que, dans un tel décor enchanteur, elle soit un peu plus inventive. Malgré cela, étant donné son cadre unique et le menu qui s'avère somme toute plutôt complet, il serait dommage de ne pas s'y rendre au moins une fois, ne fusse que pour profiter de la vue exceptionnelle. En raison de son accès difficile, il est préférable de s'y rendre en taxi *(de La Costera, comptez au plus 20 pesos pour vous y rendre)*. Réservation recommandée.

La Petite Belgique-Aux Moules Belges *($$$$-$$$$$; au centre de la Plaza Marbella, tout à côté de la Glorieta Diana,* ☎ *84-77-25 ou 84-20-17)*. Il n'est pas bien difficile de deviner que c'est la cuisine belge qui est à l'honneur ici. Lapin à la bière, carbonades flamandes, chicons au gratin, «moules-frites» et bien d'autres plats typiques encore vous y seront servis accompagnés de l'un de ces fameuses bières dont seuls les Belges semblent avoir le secret. Deux salles vous sont proposées. La première, constituée d'une terrasse partiellement ouverte, est située à proximité de la plage. Malheureusement, bien qu'elle jouisse d'un décor agréable et d'une ambiance décontractée, la proximité d'un horrible stationnement gâche un peu la vue et le cadre général des lieux. La deuxième, sise au cœur même de la Plaza, est installée au sein d'un petit bâtiment climatisé au décor plus raffiné. Aux deux lieux correspondent deux menus différents, et, tout comme le décor, l'un est plus élaboré (et plus cher) que l'autre. Les deux menus sont toutefois disponibles dans les deux restaurants. Cher certes, mais quel délice que cette cuisine belge!

De Playa Condesa à Playa Hornitos

Tout à côté du restaurant El Fogón (voir ci-dessous), le **Restaurante Los Metates** *($; angle Vicente Yañez Pinzón, à l'ouest de la Glorieta Diana et face à l'hôtel Continental Plaza)* propose sensiblement les mêmes choix de plats et le même décor que son voisin tout en étant légèrement moins cher pour certains mets. Au petit déjeuner, l'assiette de fruits est un vrai délice, et la *mollete* (grosse mie de pain recouverte de *frijoles* et de fromage, le tout gratiné au four) constitue un repas copieux et peu cher. Malgré la présence d'une publicité vantant le café comme «*el mejor café de Acapulco*», force est de constater que ce message semble bien exagéré!

El Fogón *($$; La Costera, angle Vicente Yañez Pinzón, peu après la Glorieta Diana, à l'ouest du Paseo del Farallón et en face à l'hôtel Continental Plaza)*. Cette chaîne de restaurants très fréquentée par les Mexicains doit sa réputation non seulement à sa cuisine mexicaine, mais aussi à sa fameuse *molcajete acapulqueño*. Table de bois et napperons rouges forment l'essentiel du décor de cette grande terrasse ouverte à même La Costera. Un excellent rapport qualité/prix. Vous trouverez une succursale tout à fait identique un peu plus au nord, du même côté de La Costera, ainsi qu'une autre en face de l'université *(angle Calle C. Gonzalo de Sandoval)*. Cette dernière succursale cependant, en raison de sa taille et de sa décoration, est la moins chaleureuse de la chaîne.

Proposant la même formule que les restaurants Sanborn's (voir p 98), le **Vips** *($$; en face de l'hôtel Paraíso, dans le centre commercial Gran Plaza Acapulco, à l'angle de l'Av.*

Wilfrido Massieu) a toutefois beaucoup moins de charme et s'avère plus cher que son concurrent. Malgré cela, il a l'avantage d'être ouvert 24 heures par jour, ce qui, à cet endroit de La Costera, n'est pas négligeable. En effet, peu de restaurants offrent ce service dans ce secteur, et cet établissement s'avère particulièrement pratique pour les petits déjeuners ou pour une petite faim nocturne.

Malgré que le service soit un peu lent, les *paellas* du restaurant **Sirocco** *($$$; tlj 13 h 30 à 24 h; La Costera, à proximité du centre commercial Bodega, à l'ouest du Parque Papagayo et sur la plage,* ☎ *85-23-86 ou 85-94-90)* méritent à elles seules le déplacement. En plus d'authentiques *tortillas españolas*, vous pouvez y consommer de délicieuses *tapas* à sa terrasse au décor raffiné, en bordure de plage.

Heladería *(glacier)*

Santa Clara *(3 adresses sur La Costera : une à la Plaza la Cita, angle Calle Alemania, face à la Gran Plaza; une à la Galería Acapulco Plaza et une en face du complexe Oceanic 2000).* Cette chaîne, spécialisée dans les crèmes glacées, propose également des yaourts glacés faibles en gras et des glaces au fromage aux différents goûts. Ainsi, dans un décor moderne, vous pourrez essayer leur rafraîchissante glace au tamarin, un véritable délice! Une petite terrasse est également à la disposition des clients. Assez bizarrement, malgré son enseigne, la maison ne sert pas de café!

De Playa Hornos au Zócalo

Prendre le petit déjeuner dans le **Parque Papagayo**, à l'écoute des nombreux oiseaux qui l'habitent, peut être une expérience intéressante. Vous y trouverez, en effet, divers kiosques qui servent des petits déjeuners pour aussi peu que 10 pesos. Seul regret, bien que le parc soit accessible dès 6 h du matin, les kiosques n'ouvrent qu'à partir de 10 h. Choisissez celui qui est installé à l'extrémité nord-ouest du parc, car il dispose de quelques tables et se trouve dans un endroit relativement calme.

Située au cœur de la vieille ville, la **Cafetería Astoria** *($; Plaza Alvarez, sur le Zócalo et à droite de la cathédrale)* n'est autre qu'une cafétéria bien ordinaire, mais qui, en raison de son emplacement, constitue un endroit particulièrement agréable pour une collation. Depuis sa terrasse, à l'abri d'un imposant arbre, vous pourrez observer le va-et-vient constant du Zócalo tout en consommant un petit café, un sandwich à la mexicaine, un plat du jour ou encore tout simplement une crème glacée. L'endroit même semble être un haut lieu de rendez-vous des Mexicains et est donc très fréquenté par la population locale.

Le restaurant-bar **Bocana Beach** *($; tlj 9 h à 2 h; à l'extrémité ouest du Parque Papagayo, à la base du téléférique même, face à la plage, ☎ 85-09-41)* propose tous les jours de la semaine de la *musica a viva* à partir de 16 h ainsi que, tous les jeudis, une soirée *pozole* avec spectacle de travestis. Vous pourrez y manger de bons mets sans prétention pour une somme dérisoire *(comida corrida* à 18 pesos) ou simplement y prendre un verre de *Coco Frío (5 pesos)*. Des petits déjeuners y sont également servis pour aussi peu que 12 pesos. Ambiance mexicaine assurée.

Pour un bon repas sans prétention, le **Restaurante Balneario Hornitos La Cabaña de Perico** *($; La Costera, en face de la station d'essence Pemex, entre le Parque Papagayo et le Fuerte San Diego)* constitue un endroit agréable. Sous un toit en feuilles de palmier, vous pourrez y déguster des fruits de mer et des plats de poisson tout en profitant de la brise. La proximité de la plage, éclairée par endroits en soirée, complète ce cadre agréable. Menu complet disponible à partir de 40 pesos.

Parmi les restaurants économiques, **Las Canastas** *($; tlj 24 heures par jour; La Costera 223, à partir du Zócalo, à gauche sur La Costera en direction du Fuerte San Diego et en face de l'Aduana, ☎ 83-87-00)* n'a pas à rougir de la qualité de ses services. Dans un cadre sympathique, composé de jolies chaises en bois sculpté et de nombreuses plantes suspendues, on vous servira de la *comida corrida* ou du *chili con carne* pour aussi peu que 12 pesos. Un menu de fruits de mer pour deux personnes est également proposé à 90 pesos; ceux qui préfèrent la viande débourseront 50 pesos seulement. Au petit déjeuner, les *huevos divorciados* ne vous coûteront que 13 pesos. Une véritable aubaine! Seul regret, la présence de la télévision dans la salle. Bon rapport qualité/prix.

Établi un peu plus au sud, le restaurant **Las Parillas** *($$; La Costera, à proximité de l'entrée au Fuerte San Diego)* propose tous les jeudis des soirées *pozole* pour 77 pesos. Au rez-de-chaussée, le décor est très agréable, avec de belles arcades de brique et de belles chaises de bois anciennes qu'accompagnent de jolies nappes colorées. La salle située à l'étage est moins charmante, mais possède une piste de danse. Le menu est sans surprise, et les plats se révèlent bons mais simples.

Installé à même la plage, sous un grand toit recouvert de feuilles de palmier, le restaurant **Copacabana** *($$; 12 h à 3 h; La Costera, côté plage, juste un peu à l'est de l'Av. D. Mendoza)* propose des plats mexicains dans un décor exotique, le tout accompagné d'une chaude ambiance très latine. Tous les jeudis soir, une soirée *pozole*, avec spectacle, est organisée. Très fréquenté par les Mexicains.

Établi légèrement en contrebas de La Costera, à même un petit quai, le **Restaurante-Bar Colonial** *($$; La Costera 130, au Club de Playa Acapulco, peu avant le Fuerte San Diego, ☎ 83-91-07)* semble être un endroit bien modeste. Avec son décor pratiquement absent, sous un toit de tôle ondulée, tout illuminé de bleu la nuit, cet endroit est néanmoins l'un des plus romantiques qui soit. En effet, assis à l'une de ses simples tables, vous pourrez bénéficier d'une superbe vue sur la baie et admirer en soirée le scintillement des mille feux qui l'animent. Les *margaritas* (voir p 53) y sont servies selon la tradition, et les spécialités de la maison, fruits de mer et poissons, valent le déplacement. L'entrée froide de *mariscos*, composée d'un délicieux mélange de crevettes, d'escargots de mer et de calmar, saura en convaincre plus d'un. Après le repas, si le cœur vous en dit, vous pourrez même faire quelques pas de danse à même le quai au son d'une musique authentiquement mexicaine.

Lors de vos déplacements le long de La Costera, vous aurez l'occasion d'apercevoir plusieurs restaurants portant le nom de «**100 % Natural**». Il s'agit de restaurants proposant salades, yaourts, fruits frais, hamburgers au soya et bien d'autres aliments végétariens encore. Cependant, à y regarder de plus près, vous remarquerez que les menus sont sensiblement différents d'un endroit à l'autre et que le décor peut varier du meilleur au pire. Il en va malheureusement de même pour la qualité des plats, et le voyageur sera probablement surpris de se voir servir un café sans goût à un endroit, tandis qu'un peu plus loin, dans un restaurant du même nom, il s'avère excellent. En règle générale, sachez donc que ceux qui possèdent un logo de palmier en lieu et place du «%» offrent un décor plus agréable et plus sophistiqué. Cependant, ils sont nettement plus chers et, contrairement aux autres, ne proposent pas de formule «petit déjeuner» à prix économique. Seule constante, quel que soit l'endroit, les quantités servies sont gargantuesques. Si le cœur (ou plutôt l'estomac!) vous en dit, n'hésitez donc pas à demander à partager un plat. Pour vous aider à vous y retrouver dans cette «jungle de palmiers», nous avons sélectionné quelques succursales qui méritent votre attention, soit pour leur décor agréable, soit pour la qualité des plats ou du service (voir ci-desssous et p 99, p 97 et p 101).

100 % Natural *($$; La Costera, à proximité immédiate de l'hôtel El Cid, face à la Playa Hornos, entre le Parque Papagayo et le Zócalo)*. Malgré son aspect modeste, ce restaurant mérite une mention pour son agréable décor ainsi que pour son emplacement, dans un quartier où les possibilités de se restaurer tôt dans la matinée sont plutôt restreintes. Malheureusement, on n'y propose pas de formule «petit déjeuner».

Appréciés pour leur grand choix de fruits de mer, les restaurants **Mariscos Pipo** *($$; tlj 12 h à 20 h; Almirante Breton 9, à quelques rues à l'ouest du Zócalo, juste après le vieux port, ☎ 82-22-37 ou 83-88-01)* (voir aussi p 99) propose au menu poulpes, poissons, crevettes, coquillages, escargots de mer et bien d'autres petits animaux de mer. Depuis quelque temps déjà, la famille des Pipos s'est considérablement agrandie et compte aujourd'hui pas moins de quatre restaurants (deux dans la baie, un à Puerto Marqués et un autre à proximité de l'aéroport). L'aménagement général, identique dans toutes les succursales, se restreint à une grande terrasse un peu froide, réchauffée par la présence de petites nappes jaunes vives et de quelques petits meubles en bois naturel. En ce qui concerne la qualité des mets, force est de constater qu'elle s'avère assez moyenne. Dans les entrées, préférez le *ceviche* au cocktail de crevettes, ce dernier étant accompagné d'une sauce au goût plutôt artificiel.

Pour qui connaît déjà le Mexique, les **Sanborn's** *($$)* ne lui sont probablement pas inconnus. Il s'agit d'une grande chaîne mexicaine à l'échelle du pays. En ce qui concerne la baie d'Acapulco même, quatre succursales de cette chaîne se répartissent le long de La Costera. Les Sanborn's sont réputés tant pour la qualité de leurs aliments que pour leur service, rapide et efficace. Au menu, vous trouverez surtout de la cuisine mexicaine avec quelques mets internationaux. Ils sont également de bons endroits pour prendre le petit déjeuner, copieux et délicieux. De plus, il sont parmi les rares endroits dans la baie à proposer du café *espresso* (cependant au prix un peu excessif de 12 pesos). Partie intégrante de la chaîne, une boutique est rattachée à chacun des restaurants et propose livres, disques, cosmétiques, etc. Bien que, dans la plupart des cas, les Sanborn's possèdent un décor relativement similaire, à Acapulco, certains sont plus agréables que d'autres. Ainsi celui établi dans la vieille ville, à proximité du Zócalo, même avec son service impeccable, manque singulièrement de charme et est plutôt déprimant.

Heladería *(glacier)*

Malgré son décor inexistant et sa terrasse plutôt déprimante, **Teposnieve** *(La Costera, tout près du port Centro Acapulco et à proximité du Fuerte San Diego)* est une bonne adresse pour son grand choix de crèmes glacées ainsi que pour ses prix particulièrement avantageux.

La Península de las Playas

À droite de l'hôtel Playa Caleta (voir p 94), à même la plage, vous trouverez une multitude de petits restaurants proposant, à peu près tous, un menu identique de fruits de mer et de poissons à prix très raisonnables *(comptez de 15 pesos à 30 pesos)*. Des petits déjeuners complets vous y seront également servis pour aussi peu que 17 pesos.

Se démarquant de ses nombreux concurrents par son cadre agréable, le **Restaurante La Cabaña de la Caleta** *($; à gauche de l'hôtel Playa Caleta)* mérite une mention pour sa très jolie terrasse située en bordure de plage. De petites tables avec napperons, joliment dressées, dans un décor très fleuri, voilà la recette de son charme. La cuisine, peu originale mais bonne, se compose surtout de fruits de mer et de brochettes de viande. Les boissons ainsi que les plats y sont proposés à prix raisonnables.

SORTIES

Pratiquement tous les grands hôtels de La Costera possèdent leurs propres lieux de divertissement. N'hésitez pas à flâner le long de la Playa Condesa, l'un des hauts lieux de la vie nocturne à Acapulco où vous n'aurez aucun mal à trouver un bar ou une discothèque à votre goût. En règle générale, sachez que beaucoup d'entre eux exigent un droit d'entrée ainsi qu'une tenue vestimentaire stricte (pas de shorts pour les hommes). Les conditions variant non seulement en fonction de la saison mais aussi des jours, le droit d'entrée peut passer du simple au triple. Aussi, dans certains cas, il donne droit à une consommation ou à l'accès à la formule «bar ouvert», soit la «gratuité» des consommations nationales durant une grande partie de la soirée.

Afin de simplifier la lecture du présent chapitre, nous utiliserons le terme abrégé de «La Costera», fréquemment utilisé par les habitants d'Acapulco, pour désigner l'Avenida Miguel Alemán. D'autre part, en raison de la longueur même de la baie d'Acapulco (16 km), nous avons découpé cette dernière en cinq zones, facilitant ainsi le repérage des divers bars et discothèques. D'est en ouest, ces cinq zones sont : **Playa Icacos, Playa Condesa, de Playa Condesa à Playa Hornitos, de Playa Hornos au Malecón, la Península de las Playas.**

Playa Icacos

Les «globe-trotters rockers» seront heureux d'apprendre qu'il ne seront pas trop dépaysés sous ces latitudes puisqu'ils y retrouveront leur traditionnel **Hard Rock Cafe** *(La Costera, à proximité du parc aquatique CICI, ☎ 84-66-80)*. Inutile de décrire le décor, puisque la formule est ici aussi scrupuleusement respectée. Les mordus de cette chaîne britannique s'étonneront toutefois de voir l'horrible enseigne publicitaire tournante contribuer à la détérioration visuelle des environs, déjà passablement gâchée! Prix élevés.

Juste à côté du Hard Rock Cafe, vous trouverez le **Planet Hollywood** *(La Costera, à proximité du parc aquatique CICI, ☎ 84-00-47)*, son «cousin» américain. C'est tout Hollywood qui vous attend ici, et, puisque l'on affirme que «tout est plus grand en Amérique», c'est au sein d'un énorme globe terrestre soutenu par deux mains géantes que vous pénétrerez dans l'antre de l'imaginaire. Assis à une table ou accoudé au bar, vous pourrez ainsi vous évader parmi les stars de Hollywood. Toutefois, après un court rêve, vous serez brutalement ramené à la réalité par une addition plutôt «salée» et malheureusement bien réelle celle-là. Après tout, ne dit-on pas que le rêve n'a pas de prix! Les propriétaires de la chaîne semblent en tout cas appliquer ce dicton à la lettre! Tout comme au Hard Rock Cafe, vous pourrez y compléter votre collection de t-shirts, de casquettes, d'épinglettes et de bien d'autres objets encore. De plus, vous pourrez les payer en dollars américains. Ah! Belle Acapulco, où est passée ton âme mexicaine? Amusant? Avilissant? Sophistiqué? Abêtissant? À vous de juger.

La discothèque **Baby'O** *(La Costera 22, près de Yucatán, face à l'hôtel Days Inn et à proximité du restaurant Suntory)* a la réputation d'être très sélecte, et sachez dès lors qu'il n'est pas question de s'y amener en shorts! Après avoir franchi son entrée sévèrement contrôlée (ouf!), vous pourrez y danser sur les derniers succès du mois. Pour les couche-tôt, sachez que, les samedis soir, on y arrive jusqu'à 6 h du matin.

À en juger par son apparence extérieure, on pourrait affirmer que le **Disco Ninas** *(droit d'entrée; La Costera, un peu à l'ouest du Hard Rock Cafe et du Planet Hollywood)* est une réplique bon marché du décor du Hollywood Planet! Rassurez-vous, car il n'en est rien. Il s'agit d'une discothèque particulièrement animée où vous pourrez danser sur de la musique latine et anglo-saxonne. Bien qu'il soit un peu guindé, l'endroit est sympathique, et vous pourrez y passer une soirée agréable.

Pour les personnes à la recherche de soirées plus typiques, sachez que divers spectacles folkloriques sont présentés plusieurs fois par semaine dans la baie. En voici un de choix.

Au Centro Cultural y de Convenciones de Acapulco *(La Costera, à côté du club de golf, Playa Icacos)*, vous pourrez assister à la **Fiesta Mexicana**, organisée par le Ballet folklorique de la ville d'Acapulco. Pendant plus de trois heures, vous pourrez admirer des danses régionales et écouter de la musique traditionnelle de l'État de Guerrero, mais aussi des États voisins, dont ceux de Jalisco, de Michoacán et de Chiapas. En prime, vous pourrez frissonner à la vue des Papantla Voladores, soit des personnages voltigeant autour d'un mât auquel ils sont attachés. Comptez environ 50 $US incluant un repas avec trois heures de spectacle. Étant donné que le spectacle n'a lieu que trois jours par semaine *(lun, mer et ven 7 h à 10 h; ☎ 84-72-04, ext. 448, ou 84-32-18)* en haute saison touristique, il est vivement conseillé de réserver à l'avance. Touristique certes, mais très agréable.

Playa Condesa

Immédiatement après l'hôtel Fiesta Americana (voir p 88), en vous dirigeant vers l'ouest, vous trouverez une impressionnante succession de bars et discothèques alternant avec des restaurants et des snacks en tous genres. On appelle communément ce secteur Disco Beach. Cela commence ainsi par le **Safari** au décor tout de bois, suivis du **Beto's** et de sa jolie terrasse exotique, du **Black Beards** et de **Barba Roja**, dont la terrasse imite le pont supérieur d'un vaisseau de pirate, du **Paradise**, tout immaculé de blanc, pour se terminer plus loin par le **Taboo**. L'ambiance démarre lentement, à partir de 17 h, pour atteindre son sommet vers minuit, et ce jusqu'à 2 h, moment où commence la migration vers les grandes discothèques de la baie. Tandis que certains ont leur terrasse à même la plage, d'autres sont installés à hauteur de La Costera, avec vue sur mer. Rivalisant les uns avec les autres, la plupart d'entre eux semblent vouloir attirer le touriste de passage au moyen d'un décor de plus en plus original. Malgré cela, tous diffusent le même style de musique, soit la même que l'on peut entendre dans la plupart des grandes discothèques du monde. Seule exception, le Taboo, qui semble affectionner plus que les autres la musique latine. En général, ces établissements conviendront surtout aux personnes qui apprécient les endroits où l'on se retrouve entre touristes. Malgré leur manque de couleurs locales, ils ont l'avantage de servir des consommations à bons prix, et, pour la plupart, de ne pas exiger de droit d'entrée.

De Playa Condesa à Playa Hornitos

Établie au fond de la rue faisant face à l'hôtel Continental Plaza, la discothèque **Prince** *(30 pesos ven-sam et 20 pesos* *dim-jeu; derrière le restaurant El Fogón)* est le dernier endroit où la jeunesse se rend après avoir fait la tournée des bars et des discothèques de la baie! Cet établissement connaît un succès grandissant auprès d'un public très varié, allant des jeunes aux couples, des gays aux hétéros, des étudiants aux gens d'affaires, pour la plupart mexicains. La recette de son succès : des boissons nationales à des prix très économiques (cinq bières servies dans un sceau de glace pour 30 pesos, alcool à 10 pesos) et une musique particulièrement diversifiée, pour tous les goûts. Pour ceux qui arrivent tôt, des spectacles sont présentés à minuit. Son unique grande salle est composée de plusieurs niveaux, tous dotés de tables et de sofas avec un petit espace de danse, le tout étant réparti en gradins face à une grande piste de danse située en contrebas. Les fins de semaine, attendez-vous à faire la queue, et soyez patient. Après tout, le jour ne fait que commencer! Le Prince est un véritable *after hours* et ne ferme ses portes qu'à... 13 h!

De Playa Hornos au Zócalo

Parmi les endroits proposant la formule «bar ouvert», vous trouverez le **Disco Iguanas Ranas** *(80 pesos; 22 h à 4 h 30; face au magasin de grande surface Bodega)*, installé à même la plage, sous un toit de *palapa*. Malgré son nom exotique, cet endroit diffuse surtout de la musique anglo-saxonne, allant du rock au rap en passant par le disco. Sa piste de danse est assez petite en comparaison du nombre de tables disponibles. Comme de coutume à Acapulco, l'ambiance commence réellement à partir de minuit, et les nuits les plus animées vont du vendredi au dimanche. Lorsqu'il y a peu de monde, on vous laissera entrer moyennant la consommation d'une boisson nationale, soit 15 pesos.

Tropicana *(10 pesos; tlj 21 h 30 à 4 h 30; La Costera, au sud de l'Av. D. Mendoza, côté plage et avant l'Iguanas Ranas)*. Pour ceux qui aiment les soirées tropicales, voilà probablement la discothèque la plus amusante de La Costera. En effet, du mardi au dimanche, des musiciens s'y produisent jusqu'aux petites heures du matin, engendrant une foule de «déhanchements endiablés». La musique, presque exclusivement latine, y est très agréable, et le décor, sous un toit de *palapa*, des plus exotiques. Même si vous ne comptez pas danser, il est fort à parier qu'après une de ses enivrantes *margaritas* (15 pesos pour les boissons nationales) vous vous lanciez à votre tour sur la piste. N'ayez crainte, tous le monde s'amuse ici, vieux et jeunes, couples et célibataires. Pour ne rien gâcher, tout autour, vous pourrez admirer une plage éclairée et la baie scintillante.

Discothèques et bars gays

Malgré le nombre élevé de voyageurs gays qui choisissent Acapulco comme destination, il est étonnant de constater que les lieux de rencontre exclusivement gays ne sont pas légion. Quelques bars établis le long de La Costera, très fréquentés par les touristes, accueillent ainsi une clientèle gay sans toutefois être exclusivement fréquentés par ceux-ci. Vous en trouverez la description dans la section «Sorties» ci-dessus. Dans la rubrique qui suit, nous nous sommes limité à décrire les endroits qui s'affichent ouvertement comme gays, même si ces derniers sont ouverts à tous. Pour l'essentiel, il s'agit surtout de discothèques; pendant la journée, le grand lieu de fréquentation des gays est surtout la plage Condesa (voir p 77), juste à l'ouest de l'hôtel Fiesta Americana Condesa.

Disco Demas *(30 pesos incluant une boisson nationale; Costera A. Vieja, la rue juste avant le restaurant Carlos 'n Charlie's, à proximité des Torres Gemelas)*. Fréquentée également par les femmes et quelques hétéros, cette discothèque accueille surtout une clientèle jeune (18 à 30 ans). La musique y est de type anglo-saxonne, avec de temps à autre des rythmes plus latins. Les fins de semaine, des spectacles de travestis y sont présentés, et, en tout temps, des danseurs *strip* «se promènent» sur le comptoir. Les boissons sont à prix modérés (boissons nationales de 15 pesos à 20 pesos), mais les serveurs sont quelques peu insistants sur la consommation.

Fréquenté par une clientèle mexicaine de tous âge, le **Relax** *(30 pesos incluant une boisson; sur la petite rue située juste avant La Costera A. Vieja, tout à côté du Sanborn's établi peu après le club de golf et à l'ouest de celui-ci)* est probablement la meilleure discothèque gay d'Acapulco. L'ambiance, sympathique et sans façon, démarre surtout à partir de minuit et s'y poursuit jusqu'au lever du jour! Un excellent spectacle de travestis et de danseurs nus y est présenté entre 1 h 30 et 2 h. Vous apprécierez sûrement la *Reina del show* et son imitation de la chanteuse Chelo Silva. La musique, de type mexicaine et anglo-saxonne, est très variée et plaira ainsi au plus grand nombre. Un endroit à ne pas manquer!

Si vous êtes particulièrement intéressé par les spectacles de danseurs nus et que vous êtes prêt à en payer le prix, le **Malinche** *(sur la petite rue située derrière le centre commercial Galería Plaza Acapulco)* saura vous convenir. Toutefois, sachez que les pratiques commerciales de cet établissement ne sont pas des plus honnêtes et que toute boisson offerte aux danseurs et aux «autres clients» est facturée à un tarif *especial*.

 # MAGASINAGE

Si Acapulco est considérée par certains comme la «perle du Pacifique», elle peut également s'enorgueillir d'être un véritable paradis pour les passionnés de magasinage. Une infinité (le mot n'est pas trop fort!) de boutiques s'étalent le long de la baie, et vous n'aurez pour seul obstacle que l'embarras du choix. Vêtements, articles de cuirs, bijoux, produits artisanaux et beaucoup d'autres objets encore s'y succèdent de vitrine en vitrine. Ainsi, pour ceux qui désirent ramener un petit souvenir, voici quelques conseils et suggestions.

Lors de votre découverte de la baie, vous remarquerez probablement la présence de nombreux *mercados artisanales* qui fleurissent le long de La Costera. Pour la plupart, ils proposent la même marchandise, et soyez averti qu'à votre approche une foule de vendeurs viendront vous vanter (en anglais) le mérite de leur produits. Aussi, sachez que, dans cet «antre» de la consommation, il vous sera littéralement impossible de magasiner sans être dérangé par les vendeurs. Si vous avez des cadeaux à faire et que l'expérience ne vous effraye pas, allez-y en toute détente et avec le sourire, et surtout n'ayez aucune gêne à négocier, car ici ce ne sont pas directement les artisans qui vendent et les employés sont habitués à ce genre de pratique. Parmi les quelques marchés de produits artisanaux pour touristes installés sur La Costera, vous trouverez **El Parazal Mercado** ainsi que l'**Artesanía del Centro** *(juste à côté du magasin de grande surface Commercial Mexicana)*. Toujours à même la bruyante Costera, plus à l'ouest, le **Mercado de Artesanía** *(face à la Plaza Marbella)* est un autre marché similaire. Finalement, en face de la Plaza Bahía, le **Mercado de Artesanías El Pueblito** et le **Mercado de Artesanías Dalia** *(à côté*

de l'hôtel *Acapulco Pla-*
za) vous proposent les
mêmes types de pro-
duits.

Si vous êtes toutefois à
la recherche d'un en-
droit plus amusant,
rendez-vous au marché
situé en bordure du
Parque Papagayo, le
long de la Playa Horni-
tos. Bien que les articles
soient ici aussi très touristiques et pas toujours
de bon goût, cet endroit
est plus agréable, car il
est surtout fréquenté
par les voyageurs mexi-
cains. Finalement, pour
les invétérés du magasi-
nage, quel que soit
l'objet de vos désirs,
ayez toujours à l'esprit
les trois lettres magiques : «PNC» (patience, négociation et
comparaison).

Partir du Mexique sans en emporter le moindre souvenir
musical, voilà qui serait bien dommage! Avec ses deux magasins, **Jazzz** *(La Costera 125, dans le centre commercial Plaza
Bahía; aussi Av. Cuauhtémoc 15, à proximité du Zócalo)* saura
vous en convaincre. Vous n'aimez pas la musique de *mariachis*?
Qu'importe, demandez à écouter les célèbres chanteuses
Selena ou Viki Carr, ou encore un de ces groupes chantant en
style *ranchero*, et vous serez impressionné par l'infinie variété
de la chanson mexicaine. Si, malgré cela, vous n'êtes pas
enchanté, la maison pourra toujours vous dénicher une de ces
salsas endiablées ou même encore vous trouver un *Abba* ou
une *Nana Mouskouri* chantant en espagnol!

Au sein du Gran Plaza Acapulco *(angle La Costera et Av.
Wilfrido Massieu)*, vous trouverez le magasin de grande surface
Salinas y Rochas, connu partout au Mexique. Bien que ce

dernier n'ait rien de bien original et se compare aux magasins de grande surface que l'on peut trouver à Paris, à Montréal ou à Bruxelles, avec un peu de recherche (côté soldes bien sûr!), vous pourrez y trouver de nombreux produits de qualité à des prix imbattables. Les vêtements et les chaussures représentent les meilleures aubaines.

Pour les amateurs d'objets de décoration et de mobilier d'intérieur, une petite visite chez **Lorea Decoración** *(lun-ven 10 h à 4 h et 16 h 30 à 19 h; Plaza Icacos, juste au nord de l'hôtel Hyatt)* s'impose. Mobilier de création, tissus originaux, poteries et bien d'autres créations encore y sont proposés.

Au rez-de-chaussée de l'hôtel Continental Plaza (voir p 91), la petite boutique **Capricho's** *(La Costera 121-C, ☎ 84-09-09)* se démarque par son beau choix de poteries provenant de Tlaquepaque. Outre des bijoux, vous y trouverez de beaux produits artisanaux provenant de diverses régions du Mexique.

Pour des objets originaux, rendez-vous à la boutique **Sergio Bustamante** *(La Costera 120)*, connu des artistes pour ses créations originales et ses figures étranges (personnages avec deux paires de yeux, soleil à visage humain, escargot avec tête d'homme, etc.). Beau mais cher!

Si vous êtes un amateur de porcelaine, ne manquez surtout pas d'aller admirer les créations d'**Emilia Castillo** *(Carretera Escénica, à proximité du luxueux hôtel Las Brisas, du côté droit de la route en direction de Puerto Marqués)*. Dans cette boutique installée à côté de l'entrée du restaurant Madeiras, vous pourrez voir de superbes objets en porcelaine, des sculptures et des articles en argent. Digne descendante d'Antonio Castillo, un apprenti du célèbre William Spratling (voir p 146), elle développa une technique permettant d'incruster des motifs en argent dans la porcelaine. Le résultat est surprenant et absolument magnifique. À ne pas manquer!

Nul ne saurait cependant quitter Acapulco sans avoir au moins une fois visité son célèbre **Mercado Municipal** *(juste à côté de l'Av. Diego Hurtado Mendoza, entre l'Av. Cuauhtémoc et l'Av. Aquiles Serdán)*, établi au nord du Zócalo. Pour ceux qui aiment les mouvements de foule ou tout simplement les aubaines, ce grand marché constitue à lui seul un véritable kaléidoscope de la société mexicaine. À cet endroit, ouvrez grand les yeux, car

toutes les couleurs de l'arc-en-ciel se trouvent réunies sous la
forme d'objets, de fruits, de légumes, d'épices et de nombreuses autres denrées encore. Vous y trouverez tout ce dont l'être
humain peut avoir besoin, des casseroles aux chaussures en
passant par la bijouterie et divers souvenirs. Bon et mauvais
goûts se côtoient ici sans complexe dans une foule sans cesse
en mouvement où les cris des vendeurs et des enfants ne font
qu'un; il est agréable de goûter ici au Mexique réel. Parmi les
sujets d'émerveillement, les innombrables piments aux formes
multiples, les appétissantes tomates vertes encore placées dans
leur enveloppe charnelle, les étranges herbes médicinales, les
intrigants *moles* (voir p 50) vendus à la louche et les étranges
chicharrones géants (croustilles de peau de porc) n'en sont que
quelques exemples. Au centre du marché, vous trouverez un
secteur «restauration» où, pour quelques pesos, vous pourrez
goûter à une multitude de mets.

Enfin, au chapitre de la santé, pour ceux qui sont en manque de
produits biologiques, rendez-vous chez **Super Soya** *(tlj 8 h à
21 h, Jesús Carranza 9, Col. Centro, à proximité du Zócalo,
☎ 83-55-54)* pour un grand choix de céréales. Vous pourrez
même consommer sur place un bon yaourt avec de délicieuses
céréales ou un bon jus de fruits.

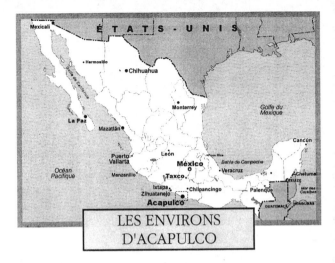

P ie de la Cuesta, Laguna de Coyuca, Bahía Marqués, autant de noms qui font rêver. Localisés à proximité de la ville d'Acapulco, ces divers sites touristiques peuvent faire l'objet d'agréables excursions. Ces derniers étant répartis de part et d'autre de la baie d'Acapulco, pour des raisons pratiques, nous les avons classés, dans le présent chapitre, en deux circuits : **Circuit A : Bahía Marqués et ses environs**, et **Circuit B : Pie de la Cuesta**. Chaque circuit peut aisément s'effectuer en une journée.

 POUR S'Y RETROUVER SANS MAL

Circuit A : Bahía Marqués et ses environs

En voiture

Depuis la baie d'Acapulco, empruntez La Costera en direction de l'aéroport. Puis, immédiatement après avoir dévalé la pointe sud-est de la baie, à la première *glorieta* rencontrée, suivez les panneaux indicateurs pour la Bahía Marqués. La Playa Revolcadero se situe, quant à elle, à environ 7 km de là. On y accède en empruntant n'importe quelle rue du côté gauche de la Carretera Escénica.

En bus

De La Costera, prenez n'importe lequel des nombreux bus portant l'inscription *Bahía Marqués* (passage toutes les 15 min). Il ne vous en coûtera que 2 pesos pour un trajet d'environ 30 min.

Circuit B : Pie de la Cuesta

En voiture

De La Costera, prenez la direction du Zócalo, et, peu après avoir passé le Fuerte San Diego, empruntez à votre droite l'Avenida Escudero, qui devient par la suite l'Avenida Aquiles Serdán. La route qui mène à Pie de la Cuesta se trouve du côté gauche de l'artère principale, peu après le croisement avec l'Avenida Cuauthémoc. La plage ainsi que la Laguna de Coyuca se situent alors à environ 15 km.

En bus

De La Costera, prenez n'importe lequel des nombreux bus portant l'inscription *Pie de la Cuesta* (voir p 122). Il ne vous en coûtera que 2 pesos pour un trajet d'environ une heure.

 ATTRAITS TOURISTIQUES

Circuit A : Bahía Marqués et ses environs

Le premier attrait qui attirera votre attention sur la route de l'aéroport n'est autre que la **Playa Revolcadero ★**, une immense plage de sable fin. Relativement peu fréquentée, elle est caressée par des vagues impressionnantes et des courants marins puissants qui en font surtout un lieu réservé aux professionnels du surf. Les surfeurs débutants ainsi que les

Les Hôtels
3. Acapulco Princess
7. Casa Blanca
31. Parador del Sol
34. Playa Leonor
39. Ukae Kim

Les environs d'Acapulco

nageurs devraient donc éviter de s'aventurer au large. Malgré cet inconvénient, sa grande étendue permet de faire de longues promenades; la location de chevaux est également possible sur place (voir p 123). La beauté du site, avec le magnifique hôtel Acapulco Princess (voir p 125), en fait un agréable point de chute, d'autant plus qu'à proximité la **Laguna Tres Palos** fait l'objet d'excursions à caractère écologique qui intéresseront surtout les ornithologues.

D'aspect plus exotique et plus riche en végétation que sa «grande sœur», et surtout encore relativement peu envahie par les immeubles, la **Bahía Marqués** (aussi appelée Bahía de Puerto Marqués) offre de belles eaux cristallines. Autrefois tranquilles, ces eaux attirent aujourd'hui, chaque fin de semaine, de nombreux baigneurs, et, à moins d'apprécier les mouvements de foules, il est conseillé d'éviter de s'y rendre le samedi et le dimanche. Malheureusement, depuis quelques années déjà, une véritable nuée d'auvents sur la plage même gâche littéralement les beautés naturelles du site.

La **Carretera Escénica** ★★ n'est autre que l'artère principale qui, depuis l'aéroport, mène à la «porte d'entrée» Est de la baie d'Acapulco. Comme son nom le laisse présumer en espagnol, cette route vous permet de découvrir divers beaux points de vue sur la Bahía Marqués et la baie d'Acapulco, ainsi que sur les montagnes environnantes. En vous dirigeant vers la ville, puis en vous rendant au sommet de la montagne où se trouve le complexe hôtelier Las Brisas (voir p 124), vous parviendrez à la **Capilla de la Paz**. Bien que les environs n'offrent aucun attrait particulier, si ce n'est les nombreuses habitations qui ont pris d'assaut la montagne, cet endroit sera particulièrement apprécié des amateurs de magnifiques couchers ou levers (pour les matinaux) de soleil. D'ici, vous pourrez également bénéficier du point de vue le plus élevé sur la baie.

Circuit B : Pie de la Cuesta

Au nord-ouest d'Acapulco et à environ 15 km de la baie par la route de Zihuatanejo, vous atteindrez une agréable plage : **Pie de la Cuesta** ★. Très étendue et parsemée de nombreux cocotiers, elle est bordée d'une longue route entre la Laguna Coyuca et l'océan Pacifique. L'infrastructure touristique y est à ce jour encore peu importante, et l'endroit sera donc surtout apprécié des amateurs de promenade en solitaire et des cavaliers (voir p 123) en quête de vastes étendues sauvages. Le site est également réputé pour son spectaculaire coucher de soleil ainsi que pour sa mer particulièrement agitée, idéale pour les pros du surf. La baignade y est vivement déconseillée en raison des importants courants marins.

Tout à côté de la plage, la **Laguna de Coyuca** ★, aux dimensions tout aussi impressionnantes, constitue le lieu idéal pour pratiquer des activités nautiques motorisées (voir p 124). Diverses excursions à caractère écologique y sont également organisées.

ACTIVITÉS DE PLEIN AIR

 Équitation

Circuit A : Bahía Marqués et ses environs

À la Playa Revolcadero, adressez-vous à l'hôtel **Acapulco Princess** pour la location d'un cheval, ou, si vous êtes patient, promenez-vous le long de la plage : des Mexicains vous proposeront ce service pour un prix nettement plus abordable.

Circuit B : Pie de la Cuesta

Sur la plage de Pie de la Cuesta, des Mexicains vous proposeront la location d'un cheval à un prix particulièrement abordable. Comptez environ 70 pesos pour une demi-heure de chevauchée. Si vous désirez vous promener à cheval pendant plusieurs heures, n'hésitez pas à négocier le prix.

 Golf

Circuit A : Bahía Marqués et ses environs

Partie intégrante du luxueux hôtel Acapulco Princess, le **Golf Club Acapulco Princess** *(Playa Revolcadero, ☎ 69-10-00, ⌨ 69-10-16, sans frais des USA et du Canada, ☎ 1-800-223-1818)* dispose d'un parcours de golf à 18 trous dans un environnement particulièrement calme et luxueux. Comptez 75 pesos si vous êtes un client de l'hôtel ou 120 pesos dans le cas contraire.

Ski nautique et scooter des mers

Circuit B : Pie de la Cuesta

Pour ceux qui recherchent une nature relativement vierge et des espaces infinis à l'écart des nombreux touristes, la Laguna Coyuca constitue l'endroit idéal. Le long de la route principale, vous trouverez plusieurs établissements qui louent de l'équipement de ski nautique et des scooters des mers. Parmi ceux-ci, le **Restaurante Tres Marías** *(du côté droit de la route en direction de l'ouest)* en propose à un prix particulièrement raisonnable. Comptez 200 pesos l'heure pour le ski nautique, et 300 pesos l'heure pour la location d'un scooter des mers.

 Surf

Les vagues les plus impressionnantes se trouvent le long de la Playa Revolcadero ainsi qu'à Pie de la Cuesta. Sachez toutefois que ces endroits sont réputés pour leurs courants marins particulièrement traîtres. La pratique du surf y sera donc surtout réservée aux professionnels.

 HÉBERGEMENT

Circuit A : Bahía Marqués et ses environs

Partie intégrante de la chaîne Westin Hotels & Resorts, le paradisiaque hôtel **Las Brisas (23)** *($$$$ et plus.., pdj; bp, ≡, ≈, ℂ, ℜ; Carretera Escénica, C.P. 39868, ☎ 84-15-80, ≈ 84-60-71, sans frais des USA et du Canada, ☎ 1-800-223-6800, sans frais du Mexique, ☎ 91-800-90-223)* est un vaste complexe s'étendant sur plusieurs hectares de terrain accidenté, à l'extrémité est de la baie. Pas moins de 261 *casitas* (maisonnettes) sont ainsi réparties de part et d'autre du sommet de la montagne. Chaque maisonnette possède son entrée individuelle, un large balcon et même sa propre piscine privée (exception faite des maisonnettes standard). Les petits déjeuners sont servis chaque jour dans votre chambre. Dépendamment de la localisation de votre chambre, vous pourrez assister directement au lever du soleil sur la romantique Bahía Marqués ou contempler le coucher du soleil sur Acapulco, aux mille feux illuminant la baie. Il va sans dire que les chambres sont parfaitement équipées et que la décoration est de bon goût. La pierre est abondamment utilisée sur le sol et les murs, tandis que les coloris, en général pastel, rappellent les années cinquante sans tomber dans le kitsch. Parmi les installations et services disponibles : un restaurant de cuisine internationale, un bar, plusieurs boutiques, des tennis, du golf, et même un Club de Playa privé (le *Club La Concha*) avec restaurant et piscine. Pour ce dernier, localisé à même la baie et curieusement sans plage, un service gratuit de navette est assuré directement depuis votre chambre. Enfin, pour ceux qui aiment à «redescendre sur terre», l'hôtel possède ses propres tout-terrain de location, que vous pourrez conduire pour la modeste somme de 493 pesos par jour, assurance et essence comprises, vous permettant de circuler dans un rayon de 30 km autour de la baie (Pie de la Cuesta ou Barra Vieja). Évidemment, pour entrer dans ce petit bout de paradis, vous devrez tout de même vous attendre à débourser journalièrement la coquette somme de 1 940 à 2 745 pesos pour une maisonnette standard et de 3 240 à 4 315 pesos pour une chambre de luxe ou une villa.

Les 1 019 chambres de l'hôtel **Acapulco Princess (3)** (*$$$$-$$$$$; bp, tv, ≡, ≈, ☉, ℜ; Playa Revolcadero, Apto 1351, C.P. 39300, ☎ 69-10-00, ≠ 69-10-16, sans frais des USA et du Canada, ☎ 1-800-223-18-18*) sont réparties dans trois immeubles, dont un en forme d'imposante pyramide rappelant les temples précolombiens de la civilisation maya. Enclavés au sein d'un très grand terrain de golf et faisant face à la Playa Revolcadero, réputée pour ses vagues puissantes, les deux immeubles se voient garnis d'un grand nombre de plantes qui semblent envahir progressivement les terrasses. Devant le bâtiment principal (celui en forme de pyramide) se profile un magnifique jardin fleuri qui semble avoir été amoureusement aménagé par l'architecte paysagiste. Tandis que des cascades s'y succèdent de piscine en piscine et qu'un petit pont suspendu complète ce décor de rêve, des palmiers et des bougainvilliers y prolifèrent sans retenue. Pour renforcer encore l'exotisme des lieux, de nombreux cignes et flamants roses ont décidé d'y élire domicile. Les chambres sont toutes équipées de mobilier élégant, mais, dans les chambres standard, les salles de bain, quoique convenables, contrastent un peu par leur modestie avec l'ensemble de la chambre. Celui qui a la chance de s'offrir la Marquesa Executive Suite *(compter 300 $US + IVA hors saison)* pourra contempler, d'une immense terrasse privée, tant la mer que l'arrière-pays, dans un cadre où le luxe est art de vivre. Tennis, golf, promenades à cheval, planche à voile et bien d'autres activités encore sont possibles ici, moyennant rétribution bien entendu. Magasins, agence de voyages, bars, restaurants, cafétéria, discothèque, etc., rien ne manque dans cette véritable forteresse retranchée. Dans cet établissement situé non loin de l'aéroport, le touriste pourrait passer la totalité de son séjour sans même réaliser que, de l'autre côté de la baie, une ville sans cesse en mouvement existe. Ici, le moindre déplacement exige en effet l'usage de la voiture ou du taxi, et la seule échappée possible, sans frais, se restreint à la visite des immeubles avoisinnants, entre autres le **Pierre Marqués**, un autre hôtel appartenant au même groupe. Cette formule sera donc surtout appréciée des voyageurs en quête de repos et de tranquillité.

Circuit B : Pie de la Cuesta

Quelques chambres rudimentaires et mal insonorisées mais un accueil aimable et souriant, voilà à quoi vous devrez vous attendre à la **Casa Blanca (7)** *($; bd, ⊗; Pie de la Cuesta, côté océan, C.P. 39300, ☎ 60-03-24)*. Cet adresse conviendra surtout aux personnes voyageant avec un budget très restreint. Comptez 120 pesos pour une chambre à occupation double.

Le modeste hôtel **Playa Leonor (34)** *($; bd, ⊗; Pie de la Cuesta, sur la route principale en direction du nord, ☎ 60-03-48)* propose des chambres meublées simplement, dans un décor sans intérêt, à des prix particulièrement intéressants. Chambres en location à 120 pesos et plus.

Hotel Ukae Kim (39) *($$$; bd, ≈, ℜ; Pie de la Cuesta, à gauche de la route principale en direction du nord, ☎ 60-21-87, ≈ 60-21-88)*. Cet hôtel n'a pas de vue directe sur la mer, mais est localisé à deux pas de celle-ci, à même la plage. Il s'agit d'un ensemble de petites maisonnettes sur deux étages, blottis d'un jardin verdoyant. Chaque maisonnette est peinte de couleurs vives et agrémentée de motifs en pointillés, avec beaucoup de caractère. Le mobilier est simple et l'équipement des chambres plutôt modeste. L'établissement n'accepte pas les cartes de crédit.

Parmi les formules «tout-inclus», vous trouverez le grand complexe **Parador del Sol (31)** *($$$$; bd, tv, ≡, ≈, ℜ; Pie de la Cuesta, Barra de Coyuca, Apto 1070, C.P. 39300, ☎ 60-20-03, ≈ 60-16-49)*. Il s'agit de 75 bungalows répartis entre la lagune et la côte, et entourés de beaux jardins. Tandis que 43 d'entre eux sont localisés du côté de l'océan Pacifique, les 32 autres donnent sur la paisible Laguna Coyuca. Une petite passerelle permet le passage d'un côté à l'autre. La décoration des chambres est sans grande surprise, de type standard, et l'ameublement est adéquat, sans grand luxe.

 RESTAURANTS

Circuit A : Bahía Marqués et ses environs

Située derrière le centre commercial La Vista, le bar-restaurant **Señor Frog's** *($$; Carretera Escénica, à proximité du centre commercial La Vista,* ☎ *84-80-20,* ≈ *84-80-27)* semble être le haut lieu de rendez-vous des anglophiles d'Acapulco. Du menu aux affiches décoratives en passant par la musique, tout respire ici la culture américaine, et la seule trace mexicaine se résume aux alcools nationaux (la *margarita* et la tequila pure coulant à flots) et aux quelques plats qui y sont servis. En soirée, la musique y joue à tue-tête, et les touristes s'y mélangent allégrement avec une jeunesse locale avide de tout ce qui ressemble au *made in USA*.

Installé tout à côté du très sélect Spicey, le **Kookaburra** *($$$; tlj 18 h à 24 h; Carretera Escénica, face à l'hôtel Las Brisas,* ☎*84-14-48 ou 84-44-18)* offre lui aussi une terrasse avec vue, mais moins élégante cependant et nettement moins panoramique que son concurrent. La cuisine est ici plus classique, proposant les traditionnels mets de viande, et de poisson que l'on peut déguster dans de nombreux restaurants de la baie. L'avantage principal de cet endroit réside dans ses prix, plus démocratiques que ceux de ses proches voisins. Réservation recommandée.

Miramar *($$$$; Carretera Escénica, près de l'hôtel Las Brisas, du côté droit de la route en direction de Puerto Marqués,* ☎ *84-78-74 ou 84-78-75)*. Après que vous aurez pénétré dans une entrée d'un goût douteux, de larges escaliers vous mèneront en contrebas à une grande terrasse recouverte d'un impressionnant toit de bois en rotonde. Ici, la vue est littéralement époustouflante, s'offrant au regard de tous les visiteurs grâce à sa forme semi-circulaire. En ce qui a trait au décor, avec ses mélanges de couleurs bleu ciel et rose bonbon, il est, vous l'aurez deviné, on ne peut plus kitsch. Pour les mets, peu de surprise, la plupart des classiques de la cuisine française figurant au menu. En somme, le rapport qualité/prix de cet endroit est très moyen, mais vous aurez à coup sûr l'assurance de bénéficier d'une vue extraordinaire.

Grâce à sa vue panoramique exceptionnelle sur la baie et à son décor agréable, le **Madeiras** *($$$$; Carretera Escénica, à proximité du luxueux hôtel Las Brisas, du côté droit de la route en direction de Puerto Marqués,* ☎ *84-4378 ou 84-7316)* attire beaucoup de monde, et il est préférable de réserver à l'avance, surtout si vous désirez une table avec vue. Dans une salle exposée à la brise du soir, assis à d'amples tables, vous pourrez y déguster des plats raffinés. L'éclairage aux chandelles ainsi que l'omniprésence de nombreuses boiseries assurent un cadre élégant qu'accompagne à merveille une douce musique. En ce qui concerne le menu, il offre une formule de quatre services qui s'avère littéralement incontournable. Jugez-en par vous-même. Pour commencer, vous aurez le choix entre une rafraîchissante salade verte et une surprenante soupe aux fraises. Vous poursuivrez avec une *ensalada* de poulpe et de calmar servie avec des *nopales* (voir p 50) sur fond de vinaigrette aux pommes, ou avec un succulent *tamal al chipotte* (une pâte au maïs farcie avec du poulet et servie avec une purée d'avocat, le tout dans une sauce douce de *chipotte*). Comme plat principal, la *pechuga de pato* (poitrine de canard) ou le *Huachinango Quetzal* (du vivaneau servi sur fond de *nopales* avec une sauce aux haricots noirs, le tout accompagné de quelques crevettes) ne sont que quelques-uns des mets proposés. Pour accompagner ces délices, essayez les vins locaux, comme l'excellent blanc de blanc de Domeck (95 pesos), car les vins importés sont exagérément chers au Mexique. Quant au service, bien que très professionnel, il faut déplorer l'empressement qu'on met à débarrasser les tables. Ce restaurant appartient à l'artiste Emilia Castillo, fille d'Antonio Castillo, qui fut l'apprenti du célèbre William Spratling (voir p 146). Parmi ces créations, vous pourrez y admirer l'étonnante carte des vins, entièrement recouverte d'une enveloppe d'argent, la vaisselle et l'extravagant seau à vin. À l'entrée du restaurant, vous trouverez sa boutique (voir aussi p 117), où sont vendues plusieurs de ses œuvres. Excellent rapport qualité/prix.

Parmi les restaurants au cadre extraordinaire, c'est assurément le **Spicey** *($$$$$; Carretera Escénica, face à l'hôtel Las Brisas,* ☎ *81-13-80 ou 81-04-70)* qui remporte la palme. Étonnamment, ce n'est ni son mobilier ni une quelconque décoration qui en font un lieu unique, mais bien son emplacement, sur une terrasse entièrement dégagée au sommet d'un petit immeuble qui surplombe littéralement la baie. Le visiteur aura ainsi l'impression d'être un acteur entouré d'une scène ô combien théâtrale, mille scintillements illuminant la baie au coucher du soleil. Pour la cuisine, les propriétaires jouent la carte de l'exotisme en proposant des mets de poisson et de viande aux accents thaïlandais, indiens ou même californiens. Malheureusement, il est à regretter qu'une certaine prétention se dégage de l'endroit (tenue de soirée exigée) et que les prix y atteignent des sommets injustifiés.

Circuit B : Pie de la Cuesta

Restaurante Las Tres Marías *($$; le long de la route principale longeant la lagune, à droite de la route en direction du nord).* Ce restaurant possède deux sections littéralement séparées par la route principale. Celle qui donne du côté océan est évidemment bien agréable pour sa localisation, face à la mer, mais a le désavantage du constant passage de vendeurs qui viennent sans cesse vous déranger durant votre repas. L'autre, située de l'autre côté de la route, au sein d'un bâtiment dont l'entrée est sévèrement contrôlée, donne directement sur la Laguna Coyuca, qui n'est pas sans rappeler le paisible lac Chapala (dans l'État de Jalisco). Dans cette dernière, vous pourrez déjeuner au calme à une jolie terrasse, à l'abri d'un toit recouvert de feuilles de palmier avec, par-ci par-là, quelques produits artisanaux comme décoration. Le cocktail de fruits de mer est particulièrement rafraîchissant, et les mets y sont bons et servis sans prétention. Il s'agit d'un endroit idéal pour un repas loin des foules de La Costera.

 SORTIES

Circuit A : Bahía Marqués et ses environs

En partant de l'extrémité de La Costera, soit depuis l'hôtel Hyatt, vous rencontrerez plusieurs méga-discothèques qui ont une étrange tendance à demander un droit d'entrée de plus en

plus élevé au fur et à mesure que vous remontez la Carretera
Escénica! La plupart de ces discothèques demandent de
15 $US à 20 $US et plus, parfois sans même une consommation. Ces endroits sont donc pour la plupart fréquentés par la
jeunesse dorée, et des codes vestimentaires très stricts y sont
imposés. Adieu donc shorts, espadrilles et t-shirts! En voici
quelques-unes.

La moins chère et la moins stricte au niveau du code vestimentaire est le **News** *(droit d'entrée avec «bar ouvert»; La Costera,
à proximité de l'hôtel Hyatt)*. Cet établissement ayant une
capacité d'accueil de 1 200 personnes, il est préférable de s'y
rendre les fins de semaine (grands jours de sorties), sous peine
de voir l'endroit quasiment désert. La musique y est de type
anglo-saxonne sans grande originalité et le décor un peu kitsch.

Installée au sein d'un grand bâtiment de forme cubique, tout
éclairé au néon de couleur rose, l'**Extravaganzza** *(droit d'entrée;
Carretera Escénica, du côté gauche en direction de l'hôtel Las
Brisas)* est difficile à manquer. Malgré sa taille respectable et sa
capacité d'accueil de 700 personnes, cette discothèque fait
presque figure de naine comparée à ces concurrentes voisines.
Le code vestimentaire est appliqué à la lettre, et, excepté les
mercredis (soirée «bar ouvert» sur les boissons nationales), le
droit d'entrée n'inclut ici aucune boisson. Les samedis, sur
présentation d'une carte d'invitation (parfois disponible dans les
hôtels), vous recevrez gratuitement un t-shirt annonçant la
discothèque, après avoir payé votre entrée bien sûr! Avec son
slogan qui sonne faux, «*Lifestyles of the Rich and Famous*», il
va sans dire qu'en ce monde parfait tous ne s'y sentiront pas
à l'aise.

Si votre but est de rencontrer les célébrités de passage, ne
manquez pas le **Fantasy** *(droit d'entrée; Carretera Escénica, à
l'intérieur du centre commercial La Vista, du côté droit en
direction de l'hôtel Las Brisas)*, le summum du bon chic et du
bon genre. Sourire figé et portefeuille généreux, pour voir et
être vu!

Enfin, le **Palladium** *(droit d'entrée; Carretera Escénica, du côté
gauche en direction de l'aéroport)* met la technologie au service
du divertissement! Avec une immense vitrine donnant sur la
baie, cette discothèque est parmi les plus grandes de toutes.
Imaginez 1 500 personnes se déhanchant dans un bain de lazer

au son de méga haut-parleurs hurlant les derniers *hits*, et vous aurez une bonne idée du genre de soirée qui vous attend. Méga!

Santa Prisca

TAXCO

 ocalisée à 205 km au nord d'Acapulco, la ville de Taxco est connue des Mexicains pour son impressionnante église Santa Prisca, véritable chef-d'œuvre de l'art baroque, ainsi que pour ses très nombreuses boutiques d'argenterie, témoin du riche passé de l'industrie minière. Flâner à travers ses petites ruelles bordées de jolies maisonnettes aux toits recouverts de tuiles de style méditerranéen est un véritable plaisir pour les yeux. De plus, vous pourrez bénéficier de jolis points de vue sur les montagnes environnantes, dont celle nommée «Atachi», qui, avec ses 2 220 m d'altitude, semble surveiller au loin la trépidation des touristes. Pour certaines personnes, l'exploration des lieux peut toutefois s'avérer périlleuse, tant les rues pavées sont abruptes. Taxco est en effet littéralement accrochée au flanc du mont Atachi, mot amérindien signifiant le «Seigneur des eaux», allusion à l'énorme quantité d'eau de pluie qui dévale de la montagne lors de la saison des pluies.

Afin de découvrir une des plus belles villes coloniales du Mexique, les visiteurs feront une excursion rafraîchissante vers Taxco au départ de la tropicale Acapulco. Avec une température moyenne de 21 °C le jour et de 18 °C la nuit, cet endroit jouit d'un climat idéal pour la découverte et les promenades.

Bref historique

Au XVᵉ siècle, le puissant Moctezuma conquiert définitivement les régions situées au sud de México. Le nom de *Tlachco* apparaît alors pour la première fois sur la carte de son empire. En langue amérindienne, *Tlachco* signifie le «lieu où l'on joue à la balle», et le nom actuel de «Taxco» en découle. La conquête des Aztèques ne s'avère cependant que de courte durée, puisque, dès 1524, les capitaines espagnols Rodrigo de Castañeda et Miguel Díaz de Auz s'emparent de la région. Selon certains historiens, ce sont les divers récits d'Amérindiens mentionnant la présence de métaux dans ces contrées qui sont à l'origine de l'arrivée des Espagnols dans la région. En effet, les conquistadors avaient alors un besoin pressant de métaux afin de confectionner des canons nécessaires à la défense des nouveaux territoires conquis. Malgré la découverte de métaux précieux dès 1528, il faut attendre 1534 pour voir apparaître la première mine d'argent, dans une localité appelée «Tetelcingo» (aujourd'hui Taxco el Viejo), à 12 km de l'actuelle Taxco. En même temps, soucieuse de voir ses revenus assurés, la couronne espagnole crée en Nouvelle-Espagne les Reales de Minas, sorte d'administration royale des mines qui se charge de prélever la cote royale. L'exploitation des mines est alors confiée aux colons (en général des nobles), tandis que la main-d'œuvre est constituée d'Amérindiens réduits à l'esclavage. En 1539 cependant, un règlement des mines impose l'arrêt de l'utilisation des autochtones comme esclaves et impose le mode du salariat pour ces derniers. Cette nouvelle réglementation ne s'appliquant qu'aux indigènes, les propriétaires se tournent alors vers l'importation de populations d'Afrique, faisant de Taxco l'une des plus importantes mines de la Nouvelle-Espagne à exploiter des esclaves noirs. Vers 1570, les Reales de Minas comptent trois mines importantes dans la région : Tetelcingo, San Miguel et Acayotla. Cependant, parmi ces dernières, seule celle de Tetelcingo connaît un développement important. Il en est ainsi jusqu'à la fin du XVIᵉ siècle, alors qu'une révolte éclate, ponctuée d'émeutes suivies d'une répression sévère ayant pour résultat la fuite de la quasi-totalité des esclaves vers d'autres régions du Mexique. Le Christ noir de la cathédrale de Santa Prisca est aujourd'hui encore le seul témoignage visible d'une époque où Taxco connaissait un extraordinaire mélange de populations. Par la suite, malgré cet

Don José de la Borda

Don José de la Borda naît en France à Oleran (dans les Pyrénées françaises) le 2 janvier 1699. Né de père français mais vivant en Espagne, il décide, à l'âge de 17 ans, d'aller rejoindre son frère Francisco, alors fraîchement émigré en Nouvelle-Espagne dans le but d'exploiter une mine. Lorsqu'il arrive à Taxco en 1617, son frère exploite alors un gisement à Tehuilotepec, mine dans laquelle il décide de s'investir. En 1728, la découverte d'un important gisement marque le début de sa fortune. Peu de temps après la mort de son frère, il hérite de la mine, puis découvre un gisement à San Ignacio. Il s'associe ensuite habilement avec d'autres exploitants, ce qui lui vaut la découverte d'autres gisements, à Pachuca cette fois. Habile technicien, il introduit non seulement de nouvelles méthodes d'exploitation, prémices d'une mécanisation, mais aussi l'eau potable dans la ville, et construit diverses routes facilitant le transport des marchandises. Particulièrement croyant, il voit en sa réussite financière l'œuvre de Dieu et décide d'utiliser sa fortune personnelle pour élever la cathédrale Santa Prisca. Fait unique alors, il parvient à imposer son propre style et ses propres plans alors qu'à l'époque ce privilège est uniquement réservé à l'Église ou à la famille royale. Par ailleurs, son fils, Manuel de la Borda, sera le premier prêtre à y officier la messe. Autre exploit, la durée des travaux, de 1751 à 1759, soit huit années seulement pour une entreprise aussi colossale. Les frais occasionnés par l'embauche d'une centaine d'artisans pour l'édification de la cathédrale ainsi que par la construction de sa luxueuse demeure auront toutefois raison de ses avoirs. Quelques années avant sa mort, à l'âge de 71 ans, Don José, croyant une nouvelle fois en la Providence, mise tout ce qui lui reste de sa fortune pour acheter une nouvelle mine à Zacatecas. Après la découverte d'un nouveau filon et la constitution d'une nouvelle fortune, il meurt à l'âge de 79 ans, confirmé dans ses convictions.

épisode troublé, Taxco continue de bénéficier d'un extraordinaire développement économique, les principales découvertes aurifères dans la région s'étalant du XVIIe siècle au XVIIIe siècle. Parmi les hommes qui ont à jamais marqué l'histoire de la région, Don José de la Borda en est peut-être le plus illustre.

Grâce à l'acquisition de diverses mines, ce dernier accumule une fortune personnelle considérable, laquelle servira à édifier l'une des plus belles cathédrales du Mexique, la Santa Prisca.

Durant le XIXe siècle, les mines d'argent perdent progressivement de leur importance, et la ville participe glorieusement à la guerre d'indépendance du pays. Tandis qu'au début du XXe siècle Taxco semble peu à peu s'assoupir sur sa gloire passée, un homme, américain cette fois, apporte le renouveau qui perdure aujourd'hui encore; il s'agit de William Spratling. Après s'y être établi en 1931, cet artiste crée une grande école d'orfèvrerie et, en quelques années à peine, réussit à en faire une véritable industrie locale. En 1937, la première foire de l'argent, qui, par la suite, deviendra annuelle, marque le début d'une tradition et ouvre la voie vers une reconnaissance mondiale de Taxco comme ville d'art. Depuis, de nombreux créateurs en orfèvrerie sont venus s'y installer, et les ateliers n'ont cessé de s'y multiplier. Aujourd'hui encore, Taxco propose aux touristes de passage non seulement les plus belles créations en argent du pays, mais aussi une ville coloniale merveilleusement préservée, avec un des plus purs joyaux baroques de la Nouvelle-Espagne en son centre : la cathédrale Santa Prisca.

 ## POUR S'Y RETROUVER SANS MAL

En voiture

Localisée au sein d'une région montagneuse, Taxco possède un réseau de ruelles très abruptes, recouvertes de pavés. À longueur de journée, de nombreux taxis de type «coccinelle» gravissent les petites rues de la ville avec une facilité étonnante, embarquant parfois jusqu'à six passagers par véhicule! Enfin, pour simplifier encore les choses, les riverains y garent parfois leur véhicule, rendant ainsi le passage particulièrement étroit. La circulation dans le centre de Taxco est donc très malaisée, et nous ne pouvons que conseiller aux voyageurs d'éviter de s'y rendre en voiture.

Malgré cela, si vous optez pour la voiture, par respect pour les riverains, évitez de circuler dans le centre-ville, et choisissez l'un des nombreux *estacionamientos* pour la garer. La plupart

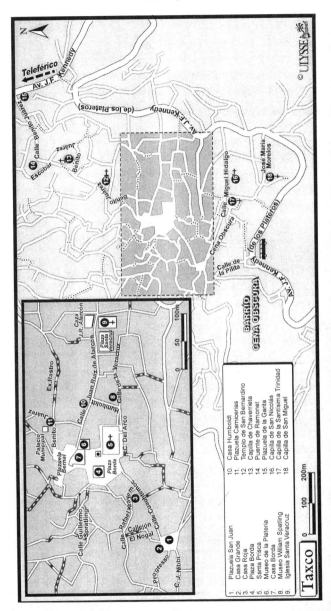

© ULYSSE

Teleférico

Av. J.F. Kennedy

(de los Plateros)

Av. J.F. Kennedy

Calle Benito Juárez

Juárez

Escobar

Benito

Benito Juárez

José María Morelos

Calle Miguel Hidalgo

Cena Obscura

Calle de la Pilita

(de los Plateros)

Av. J.F. Kennedy

BARRIO CENA OBSCURA

Taxco

Casa J.R. Alarcón

Plaza Santa Veracruz

Ex.Rastro

Juárez

Benito

Calle Juan Ruiz de Alarcón

Calle de la Veracruz

Humboldt

Palacio Municipal

Plazuela Bernal

C. Del Arco

Plaza Borda

Calle Rafael krayem

Calle Guillermo Spratling

Callejón El Nogal

C.J. Nibbi

Calle Progreso

0   50   100m

0   100   200m

1. Plazuela San Juan
2. Casa Grande
3. Casa Roja
4. Plaza Borda
5. Santa Prisca
6. Museo de la Platería
7. Casa Borda
8. Museo William Spatling
9. Iglesia Santa Veracruz
10. Casa Humboldt
11. Plazuela Carnicerías
12. Templo de San Bernardino
13. Capilla de Chavarrieta
14. Puente de Ramonet
15. Plazuela de la Garita
16. Capilla de San Nicolás
17. Capilla de la Santísima Trinidad
18. Capilla de San Miguel

des attractions étant faciles d'accès à pied, vous aurez ainsi la satisfaction d'avoir contribué à l'amélioration de la qualité de l'environnement. Aussi, sachez qu'il n'y a pas de trottoir dans le centre-ville, ceux-ci étant remplacés par une simple ligne blanche délimitant la zone piétonne. Enfin, notez que la plupart des ruelles de Taxco sont à sens unique.

Pour atteindre Taxco d'Acapulco ou depuis le nord, prenez l'autoroute à péage 95D (appelée communément «Autopista del Sol» jusqu'à l'intersection avec la nouvelle autoroute qui vous mènera directement jusqu'à Taxco.

En autobus et en taxi

En observant la circulation, il vous semblera que seuls deux modèles de véhicules roulent à Taxco. Le premier est la célèbre petite *Volkswagen* «coccinelle», avec sa forme amusante, qui sert généralement de taxi. Le second, de couleur blanche, est encore une *Volkswagen* mais de type «combi» cette fois, qui peut accueillir jusqu'à 10 personnes. Ce véhicule remplace ici les grands autobus que l'on peut voir dans les autres villes. Les «autobus» de Taxco sont en service tous les jours, de 7 h à 21 h, et s'arrêtent sur la plupart des *plazas* de la ville *(comptez 50 centavos par trajet)*. En ce qui concerne les taxis, il ne sont pas équipés de compteur, et le prix (en général fixe) varie en fonction de la destination. Comme tout est proche à Taxco, vous aurez rarement à payer plus de 15 pesos par trajet.

En autocar

La compagnie de transport par autocar Estrella de Oro compte parmi les plus efficaces, et ses cars renferment des toilettes. Certains de ses véhicules disposent de téléviseurs, et l'on y trouve même parfois un distributeur de café gratuit. Parmi les destinations proposées par l'entreprise, il y a Chilpancingo (la capitale de l'État de Guerrero), Acapulco, Cuernavaca, México (la capitale fédérale) et Ixtapa-Zihuatanejo.

Malheureusement, la firme ne vend pas de billet aller-retour, et chaque billet doit dès lors être acheté dans la station de départ. De plus, contrairement aux bureaux de vente d'Acapulco, ceux de Taxco n'acceptent pas les cartes de crédit. Les places étant numérotées, en pleine saison touristique ou durant les fins de semaine, il est préférable de réserver sa place à l'avance, surtout si l'on désire avoir une place particulière ou éviter les bousculades. Aussi, dès votre arrivée à destination, pensez à votre billet de retour. Comptez de 80 pesos à 100 pesos pour un aller simple jusqu'à Acapulco, selon le type de car.

À Taxco :
Terminal Estrella de Oro
Av. J.F. Kennedy parfois aussi appelée «Avenida de los Plateros»
À l'entrée du village, en contrebas.

À Acapulco :
Terminal Estrella de Oro
Av. Cuauhtémoc 158 *(angle Avenida Wilfrido Massieu)*
Prendre n'importe quel bus identifié Base-Cine Río-Caleta
(à pied ou en voiture, empruntez La Costera pour vous rendre au centre commercial Gran Plaza Acapulco, puis dirigez-vous vers l'est sur l'Avenida Wilfrido Massieu et passez un grand pâté de maisons)
☎ 85-87-05

 RENSEIGNEMENTS PRATIQUES

Information touristique

Bien qu'il y ait deux bureaux d'information touristique, un seul est réellement à même de vous informer sur les lieux :

Secretaría de Turismo
Av. J.F. Kennedy (tout à côté de l'arche surplombant la route principale)
☎ 2-66-16

Poste et télégramme

Correo Mexpost
Av. J.F. Kennedy
À proximité du Terminal de Estrella de Oro, à l'est.

Numéros de téléphone utiles

L'indicatif régional de **Taxco** est le **762**.

Police : ☎ 2-22-74 ou 2-00-07

Hôpital

Clínica San José
☎ 2-55-75

Pharmacies

Il existe au moins une dizaine de pharmacies à Taxco; vous n'aurez donc aucun mal à en trouver une sur chaque «grande» artère de la ville.

Banque

Bancomer
Calle Cuauhtémoc, du côté gauche en vous dirigeant vers la Plazuela San Juan.
Retrait possible au guichet automatique avec la carte de crédit Visa.

Cours d'espagnol

UNAM (Universidad Nacional Autónoma de México)
Ex-Hacienda El Chorrillo
Apartado 70
40200 Taxco, Guerrero
México
☎ et ≈ 2-01-24

ATTRAITS TOURISTIQUES

La meilleure façon de visiter Taxco est d'arpenter une à une ses charmantes ruelles pavées, en empruntant par-ci par-là les nombreux escaliers parfois très abrupts. Afin de vous faciliter la découverte de la ville, nous vous proposons un parcours qui peut aisément s'effectuer en une journée.

La visite de Taxco débute à l'entrée du village, près du Barrio Cena Obscura, là où se trouve la gare de la compagnie de transport d'autocar Estrella de Oro *(Av. J.F. Kennedy autrefois appelée «Avenida de los Plateros»)*.

L'Avenida J.F. Kennedy, autrefois appelée «**Avenida de los Plateros**», était durant la période coloniale une voie de communication importante par laquelle transitait le précieux minerai d'argent en provenance de diverses mines, d'où son ancienne appellation. À l'époque coloniale, un poste de contrôle y était établi (à l'angle de la Plaza de la Garita) afin d'inspecter tout véhicule commercial pénétrant dans la ville et ainsi de prélever la cote royale sur les marchandises.

Dirigez-vous vers la Calle de la Pilita, située en face de la gare routière, et suivez-la jusqu'à la Calle Carlos J. Nibbis, qui vous mènera directement jusqu'à la Plazuela San Juan.

Avec sa jolie fontaine en son centre et un parterre pavé sur lequel se découpe une grande étoile blanche, la **Plazuela San Juan ★★ (1)** pourrait se comparer à une sorte de «mini Place de l'Étoile», comme à Paris, tant la circulation y est intense. Vous pourrez y observer un amusant défilé de petites «coccinelles» et de fourgonnettes, débarquant et embarquant à un rythme constant ménagères, marchands, fonctionnaires et gens d'affaires. Taxco se donne ici l'allure d'une grande métropole en grande activité, ce qui n'est pas sans étonner étant donné sa taille relativement modeste. L'effet est d'autant plus amusant vu du haut de l'un des petits balcons du restaurant El Adobe (voir p 154), d'où vous pourrez également bénéficier d'une jolie vue sur les clochers de la Santa Prisca au loin.

Toujours sur la place, rendez-vous du côté nord afin d'admirer la **Casa Grande ★ (2)** *(Plazuela San Juan)*, une importante maison coloniale datant du XVIIIᵉ siècle. Bien qu'elle ait été modifiée à plusieurs reprises, elle conserve encore aujourd'hui un remarquable patio intérieur, garni d'imposantes colonnes. N'hésitez pas à monter à l'étage, d'où vous pourrez mieux encore en mesurer l'ampleur. Diverses boutiques, un restaurant et un hôtel y ont été aménagés.

Avant de prendre la Calle Cuauhtémoc, remontez la petite Callejón del Nogal, située immédiatement à droite de la Casa Grande, afin d'observer brièvement la **Casa del Nogal** *(du côté gauche de la rue)*, qui, selon la légende, aurait été construite par le tristement célèbre pirate Francis Drake.

Empruntez la Calle Cuauhtémoc en direction de la Plaza Borda ou «El Zócalo»

À mi-chemin de la très commerçante Calle Cuauhtémoc, vous pourrez observer sur votre gauche la **Casa Roja (3)** *(Calle Cuauhtémoc)*, jadis peinte en rouge, ou «Casa Verdugo», évoquant ainsi le nom de famille de l'épouse du célèbre Don José de la Borda. Outre certains membres de la famille du couple, plusieurs inquisiteurs de Taxco y demeurèrent.

Faisant suite à sa «petite sœur» toute proche (la Plazuela San Juan), la **Plaza Borda ★★★ (4)**, familièrement appelée «El Zócalo», constitue le cœur même de la ville. Agrémentée en son centre d'un petit jardin, elle comporte des bancs afin de vous permettre d'observer le va-et-vient des badauds. Les gens de Taxco se donnent souvent rendez-vous ici, tandis que, par-ci par-là, déambulent toutes sortes de marchands de souvenirs à la recherche de touristes. La ville étant très visitée par la population de la capitale, les fins de semaine, il n'est pas rare de voir de nombreux jeunes s'y rassembler, radio-cassette en main, dansant au son d'une musique disco. Une fontaine datant de 1741 ainsi qu'un buste représentant José de la Borda complètent l'aménagement du Zócalo.

Cependant, ce qui procure réellement toute la majesté à cette place, c'est la somptueuse façade de la **Santa Prisca ★★★ (5)**, qui s'élève du côté ouest. Véritable chef-d'œuvre de l'art baroque, la cathédrale fut édifiée entre 1750 et 1758 à l'initiative d'un riche propriétaire de mines d'argent, Don José de la Borda (voir «Bref historique», p 134). Selon certains,

Casa Humboldt

l'architecte Cayetano de Sigüenza serait à l'origine des plans de l'église.

Édifiée sur l'emplacement même d'une petite église dédiée autrefois à saint Sébastien, l'actuelle cathédrale bénéficie de deux protecteurs : San Sebastián et Santa Prisca, deux martyrs de la noblesse romaine. Ses deux personnages sont représentés de part et d'autre du médaillon central, encadré par de jolies colonnes torses.

En observant attentivement sa façade de pierre de teinte rosâtre, on ne manquera pas de remarquer l'étonnant contraste de la riche décoration de la partie centrale de l'édifice avec l'absence quasi totale d'ornementation à la base des deux tours latérales. Disparité d'autant plus étrange que le sommet de ces dernières est chargé de motifs. Par cette ingénieuse dissemblance, le concepteur de l'édifice a voulu alléger l'aspect massif de l'église et lui conférer ainsi une élévation plus importante qu'elle ne l'est en réalité. Ainsi, dans toute leur splendeur, les deux clochers de style andalou se dressent gracieusement dans le ciel tout en encadrant une élégante coupole aux tuiles de céramique de Puebla. La présence à même la façade de nombreux chérubins ainsi que de motifs tels que coquillages et volutes est une des caractéristiques de l'art baroque en Nouvelle-Espagne.

Autre particularité, derrière une décoration extrêmement riche se cache une structure exceptionnellement pure au niveau du style, car elle est édifiée d'un seul trait. Cette caractéristique, qui semble assez banale en soi, mérite d'être soulignée ici dans la mesure où, à une telle époque, les constructions de cette ampleur subissaient l'influence de plusieurs styles. En effet, l'édification de toute église passait généralement par le pouvoir de plusieurs hommes d'Église, chaque génération influençant les constructions par un style différent. Il est donc usuel de voir plusieurs styles se superposer dans des édifices de cette taille, ce qui structurellement n'est pas le cas ici. Le style est ici celui d'un homme d'entreprise, rigoureux dans les formes et l'espace.

L'intérieur, aux proportions harmonieuses, renferme 12 **retables churrigueresques** ★★★, entièrement constitués de bois peint, dorés et disposés de la manière suivante : dans la nef centrale et de chaque côté, six retables sont placés l'un en face de l'autre. Chacun d'entre eux représente un ou plusieurs personnages, en ordre d'importance biblique croissante au fur et à mesure que l'on se dirige vers le maître-autel. Plus loin, de chaque côté du transept cette fois, deux autres retables représentant respectivement la **Virgen de la Guadalupe** *(à gauche)* et la **Virgen del Rosario** *(à droite)* méritent votre attention. Leur emplacement, à proximité du maître-autel, n'est pas sans signification et reflète l'importance accordée à ces deux personnages par le pouvoir ecclésiastique. Le fait que l'on ait ainsi disposé l'une en face de l'autre la Vierge de la Guadelupe (sainte patronne du Mexique) et la Vierge du Rosaire (adulée par l'Église d'Espagne) symbolise le désir de l'Église d'unifier en son sein les deux mondes. Enfin, la pièce maîtresse, le **maître-autel** ★★★, s'imposant à tous comme l'ordre divin à respecter : immédiatement au-dessous de saint Pierre, les divers papes, suivis des apôtres *(sic)*, des évangélistes et finalement des docteurs d'Église. Enfin, dans la chapelle latérale

gauche, trois autres retables complètent la liste impression-
nante de ces œuvres dont les frères Isodoro Vicente et Luis de
Balbás, ainsi que les artisans Don Juan Joseph de Alva et Juan
Caballero seraient à l'origine.

La **sacristie** ainsi que la **salle capitulaire** ★ renferment, quant à
elles, une série de peintures représentant des scènes religieuses
ainsi que des personnages nés à Taxco, entre autres José de la
Borda et son fils Manuel. Pour ceux qui seraient en manque de
souvenirs religieux, un petit magasin est installé à proximité de
la salle capitulaire.

*Dirigez-vous vers la petite Calle de los Muertos, située directe-
ment à gauche de l'église.*

En empruntant brièvement la **Calle de los Muertos**, vous pourrez
remarquer une curieuse petite statue représentant un squelette
humain sans bras. Celle-ci surmonte l'entrée menant au clocher
et à l'ossuaire. C'est par cette rue et par cette porte que l'on
amenait autrefois les morts, d'où son nom de «rue des morts».

Situé à l'extrémité nord-est de la Plaza Borda, le **Museo de la
Plateria (6)** *(3 pesos; mar-dim 10 h à 17 h; pour l'entrée au
musée, traversez la galerie marchande jusqu'à son extrémité et
empruntez le petit escalier menant au sous-sol)* renferme une
petite salle d'exposition présentant une collection d'objets en
argent réalisés autrefois par des artistes locaux. Au moment de
mettre cet ouvrage sous presse cependant, le musée était
fermé pour cause de restauration. Aussi, soyez averti que, lors
de votre passage vers l'escalier menant à l'entrée du musée, de
nombreux commerçants essaieront de vous entraîner dans leur
boutique en prétendant que le musée s'y trouve!

Installée tout à côté du Museo de la Plateria, la **Casa Borda (7)**
(entrée du côté nord du Zócalo) date de 1759 et est en réalité
composée de deux maisons. Tandis que la façade donnant sur
le Zócalo permet l'accès à la demeure de Don José de la Borda,
l'arrière de l'édifice, en contrebas de la Plaza Bernal, constituait
l'habitation de son fils, Manuel de la Borda. Abritant aujourd'hui
divers bureaux administratifs ainsi qu'un centre culturel,
l'intérieur vaut surtout la visite pour son agréable **patio** ★, muni
d'une jolie fontaine baroque en son centre.

*Retournez sur vos pas, et empruntez la Callejón del Arco, située
immédiatement à droite de la cathédrale Santa Prisca.*

Après avoir descendu la pittoresque Callejón del Arco et passé
sous l'arche rattachant le presbytère à la Santa Prisca, vous
aboutirez sur la petite Plazuela Hidalgo, où se trouve le **Museo
William Spratling** ★★★ **(8)** *(10 pesos; mar-dim 10 h à 17 h;
angle Calle de la Veracruz et Calle Humboldt, derrière la
cathédrale Santa Prisca)*. Inauguré en 1975, ce musée ras-
semble une intéressante collection de sculptures, de bijoux et
d'autres objets précolombiens collectionnés par l'artiste
américain William Spratling (voir aussi p 136). Bien que la
collection présentée révèle l'aspect esthétique et informatif
plutôt que la valeur historique, toutes les pièces exposées
n'étant pas authentiques, elle n'en mérite pas moins la visite
pour la qualité de ses reproductions. Les divers tableaux
descriptifs sont en espagnol seulement, et seul un maigre
feuillet d'information en anglais est disponible à l'entrée. Parmi
les pièces qui méritent votre attention, remarquez à l'entrée la
stèle pré-classique *guerrero*, aux figures très géométriques,
ainsi que, juste à côté, la curieuse sculpture représentant une
femme assise accouchant. De très intéressants bijoux fabriqués
à partir de *concha de caracol* (en coquillages de conque) y sont
également présentés.

À la sortie du musée, on ne manquera pas d'observer à même
la Plazuela le buste de Hidalgo (héros de l'indépendance du
Mexique) ainsi que celui du célèbre dramaturge Juan Ruiz de
Alarcón, dont on associe parfois le nom à la ville (Taxco de
Alarcón).

*Continuez de descendre la Calle de la Veracruz jusqu'à la
prochaine église, et contournez celle-ci par l'est afin de vous
rendre sur la Plaza de la Santa Veracruz.*

Avec sa façade dépouillée et son intérieur sans intérêt particulier, l'**Iglesia Santa Veracruz (9)** mérite surtout le déplacement
pour son joli **parvis** ★, entièrement décoré de petites pierres
colorées. Lui faisant face, la **Casa de Juan Ruiz de Alarcón** est,
selon la légende, la demeure où le renommé écrivain serait né
en 1580.

*Remontez la Calle Juan Ruiz de Alarcón jusqu'à son croisement
avec la Calle Porfirio A. Delgado, aussi appelé «Calle Humboldt»*

De toutes les demeures coloniales de Taxco, la **Casa Humboldt ★★★ (10)** est peut-être celle qui conserve le plus grand charme. Sa **façade ★★★** vaut à elle seule le déplacement pour les élégants motifs d'inspiration mudéjar qu'elle comporte. Son nom lui vient du baron Alexander von Humboldt (1769-1859), un naturaliste allemand qui, grâce à ses observations de voyageur, contribua grandement à une meilleure connaissance du climat, des océans et de la géologie; il y logea lors de son périple entre México et Acapulco. Restaurée en 1991, elle abrite aujourd'hui le **Museo de Arte Sacro Virreinal ★★** *(10 pesos; mar-dim 10 h à 17 h; Calle Juan Ruiz de Alarcón)*, consacré à l'art religieux. Même si vous n'êtes pas passionné par cette forme d'art, ne manquez pas la visite de cette demeure, car elle est un admirable exemple d'habitation coloniale, et l'excellent travail de restauration mérite le coup d'œil. Au rez-de-chaussée, ne manquez surtout pas d'aller observer le *tímulos funerarios*. Il s'agit d'une curieuse stèle funéraire en bois de plusieurs étages, chacun d'eux étant décoré de peintures, de sculptures ou d'ornementation florale. En raison de leur coût important, ces stèles étaient surtout édifiées pour des membres de la noblesse ou des personnalités importantes. Dans certains cas, le cercueil du défunt était placé à l'intérieur, au centre de la stèle. Celle qui est exposée ici fut retrouvée miraculeusement en 1988 dans les sous-sols de la Santa Prisca à l'occasion de la restauration de l'édifice. Une salle est également consacrée au baron von Humboldt, et la plupart des panneaux descriptifs du musée sont rédigés en espagnol et en anglais.

Continuez l'ascension de la Calle Juan Ruiz de Alarcón jusqu'à la Plazuela Bernal, où vous pourrez admirer la partie arrière de la Casa Borda, aux dimensions particulièrement imposantes ici. Empruntez ensuite la Calle Benito Juárez, au nord-est de la place.

Appelée autrefois la «Calle Real», la **Calle Benito Juárez ★★** est une des plus pittoresques et des plus tortueuses rues de Taxco; la parcourir est un véritable plaisir. Vous pourrez y admirer de nombreuses demeures qui, bien qu'elles n'aient pas toujours de grande valeur historique, ont conservé tout le charme de l'époque coloniale. Plusieurs *plazas* s'y succèdent, sur lesquelles nous vous suggérons de faire un arrêt afin de mieux prendre le temps d'admirer les lieux. Lors de votre promenade, vous noterez également l'absence de trottoirs, se confondant ici avec les pavés de la rue. Ceux-ci sont délimités de manière originale, à l'aide de pavés blancs, le sens de la circulation étant indiqué de la même manière à même le sol.

La première place rencontrée est la **Plazuela Carnicerias (11)**. Outre la présence d'intéressants motifs au sol, représentant le **jeu de la pelote ★**, vous pourrez y observer l'ancienne mairie de Taxco, garnie d'une **peinture murale**.

À deux pas de là, après un petit crochet, la **Plaza del Exconvento** s'ouvre sur le **Templo de San Bernardino (12)**. Malgré son emplacement sur une jolie place, cette église, maintes fois remodelée et à la façade très abîmée, n'offre pas d'intérêt particulier si ce n'est quelques peintures et sculptures religieuses.

Plus loin, la Calle Benito Juárez contourne un monticule au sommet duquel se dresse la **Capilla de Chaverrieta ★ (13)**. Cette jolie chapelle est accessible depuis des escaliers construits à même la rue principale. Outre le point de vue intéressant qu'offre son parvis, cette chapelle présente de belles **colonnes quadrilobées** en pierre rosée. À mentionner également, sa **porte d'entrée**, en bois sculpté, très ouvragée.

Rejoignez à nouveau la Calle Benito Juárez, qui termine sa course en ligne droite, en franchissant le **Puente de Ramonet (14)** (1880), et rendez-vous à la **Plazuela de la Garita (15)**, où l'on contrôlait autrefois les marchandises entrant et sortant de la ville.

Autres attraits

Datant du début du XVIIIe siècle mais ayant subi de nombreux travaux au cours des siècles, la **Capilla San Nicolás (16)** comporte un intéressant **balcon de bois** surplombant son entrée principale.

Faisant directement face à cette dernière chapelle, au-delà du petit parc, la **Capilla de la Santísima Trinidad (17)** serait, d'après certains, le plus ancien édifice religieux de Taxco. Édifiée vers la fin du XVIe siècle, elle conserve aujourd'hui encore son apparence originale, contrairement à son intérieur, malheureusement maintes fois modifié. Lors de la mise sous presse de cet ouvrage, l'édifice n'était pas accessible en raison des travaux de restauration complète.

Toujours à proximité de la Capilla San Nicolás, là où se trouvent les stations de minibus, vous pourrez accéder à une petite galerie au fond de laquelle vous bénéficierez d'une belle **vue d'ensemble ★★** sur l'église de Santa Prisca et les petites maisons adjacentes.

Se dressant sur la jolie *plazuela* du même nom, la **Capilla de San Miguel (18)** vaut le détour pour son harmonieuse **façade** et son **clocher baroque ★**. Malheureusement, une fois de plus, à cause des nombreuses modifications, l'intérieur n'offre plus d'intérêt particulier.

Pour les amateurs de prises de vue panoramiques ainsi que pour ceux qui disposent d'un peu plus de temps, l'ascension au sommet de La Cantera (1 930 m) par l'intermédiaire du **Teleférico** *(15 pesos aller simple, 22 pesos aller-retour; tlj 8 h à 19 h; Av. J.F. Kennedy, en face du bureau d'information touristique, peu après Los Arcos)* représente une agréable escapade en soi. Du sommet de cette montagne, vous pourrez bénéficier de magnifiques **points de vue ★★** sur Taxco tout en profitant de la fraîcheur des lieux et d'une terrasse où il est agréable de se désaltérer. Pour les plus courageux, l'escalade est possible via une route pavée située à proximité de l'Avenida J.F. Kennedy ou «Avenida de los Plateros». Comptez entre 30 min et une heure pour accéder au sommet.

 # HÉBERGEMENT

Malgré sa localisation, au sein d'un bel immeuble colonial doté d'un patio avec colonnes sculptées, l'**Hotel Casa Grande** *($; Plazuela San Juan nº 7, Altos, à l'étage de la Casa Grande, ☎ et ⇆ 2-11-8)* ne dispose que de chambres très rudimentaires, sombres et mal insonorisées. Les chambres qui semblent les plus acceptables et les plus lumineuses sont celles situées au dernier étage, sur le toit. Vous pourrez y profiter à toute heure de la terrasse du toit et de la magnifique vue qu'elle offre. Demandez à voir la chambre avant de louer.

Comme le laisse présumer son nom en espagnol, l'**Hotel Los Arcos** *($; bp; Calle Juan Ruíz de Alarcón nº 2, ☎ 2-18-36,*

≈ *2-32-11)* possède un patio intérieur pourvu de belles arcades, le tout joliment fleuri et décoré avec du mobilier de style. Les chambres sont propres et agréables, mais certaines d'entre elles (celles du rez-de-chaussée et près de l'entrée) sont sombres et inconfortables à cause du bruit. Demandez à louer l'une des chambres sur les étages, mieux éclairées et offrant une vue.

Hotel Posada San Javier *($; bd, ≈; Estacas n° 1, Ex-rastro n° 4,* ☎ *2-31-77 ou 2-02-31, ≈ 2-23-51).* Malgré un ameublement modeste, cet hôtel offre un grand charme, car il est disposé autour d'un joli jardin, dans un environnement particulièrement paisible. Les 18 chambres sont réparties dans des maisonnettes, la plupart avec petite terrasse. Tandis que certaines chambres ont une belle vue et sont particulièrement bien isolées, d'autres sont installées à proximité de la réception et n'offrent pas beaucoup d'intimité. Il est donc vivement conseillé de demander à voir la chambre avant de faire son choix. Aussi, étant localisé dans une petite ruelle, cet établissement est un peu difficile à trouver. Pour vous y rendre, empruntez la Calle Benito Juárez, et descendez la rue en escalier et à forte pente située juste en face du Palacio Municipal. L'entrée de l'hôtel se trouve du côté gauche de la rue, juste en face de la Farmacia Nueva.

Hotel Santa Prisca *($, suite $$; bp, ℜ; Cena Obscura n° 1, Apdo 42, du côté sud de la Plazuela San Juan,* ☎ *2-00-80 ou 2-09-80, ≈ 2-29-38).* Après avoir accédé à son entrée par une longue rampe donnant sur la bruyante Plazuela San Juan, quelle surprise de se retrouver subitement au centre d'un agréable patio fleuri. Les chambres de ce charmant hôtel sont en effet disposées tout autour d'une jolie cour intérieure arborée, dotée d'une petite fontaine. L'ameublement, plutôt modeste, est de bon goût et représente un bon exemple de mobilier régional. Certaines chambres ont également l'avantage d'avoir une vue sur les vallées environnantes. Les chambres tout à côté de la rampe d'accès à l'immeuble sont à éviter, car elles sont bruyantes et n'offrent pas de vue intéressante.

Aménagé au sein de plusieurs bâtiments se succédant et communiquant entre eux, tout en longueur, l'hôtel **Agua Escondida** *($$; bd, ≈; Plaza Borda n° 4, angle Calle Guillermo Spratling n° 4, du côté nord du Zócalo, C.P. 40200,* ☎ *2-07-26, 2-07-36 ou 2-11-66, ≈ 2-13-06)* propose de petites chambres propres et confortables, décorées d'un joli mobilier régional. Bien que les chambres n'aient pas de vue directe sur Santa Prisca (certaines offrent une vue sur les rues adjacentes), l'hôtel dispose d'une succession de terrasses, accessibles à tous, avec différents points de vue sur les montagnes environnantes. Seul inconvénient, le bruit causé par l'animation incessante du Zócalo et de la circulation. Pour une chambre plus calme, demandez à voir une de celles réparties autour du patio principal de l'immeuble. Excellent service.

Localisé non loin de la Plazuela San Juan, à flanc de colline, l'**Hotel Rancho Taxco Victoria** *($$; bd; Calle Carlos J. Nibbi n° 5, 7 y 14,* ☎ *2-00-04, 2-10-14 ou 2-01-93,* ≈ *2-00-10)* offre le meilleur rapport qualité/prix à Taxco. En plus d'avoir une très belle vue sur la Santa Prisca, les chambres bénéficient d'une agréable petite terrasse avec panorama du village. Parmi les chambres les mieux situées, la chambre n° 6 est particulièrement agréable. L'ameublement général des lieux est de style et le décor de bon goût. Son emplacement, à la fois près de la vieille ville, tout en étant en retrait du bruit, s'avère idéal pour les personnes à la recherche du calme mais non de l'isolement.

Le plus grand et le plus luxueux hôtel de Taxco, l'**Hotel Monte Taxco** *($$$; bp,* ≈*, tv,* ℜ*; Fraccionamiento Lomas de Taxco, accès par la route principale menant à Acapulco, à Taxco* ☎ *2-13-00,* ≈ *2-14-28, de México,* ☎ *549-77-51 ou 549-15-60,* ≈ *540-77-02 ou 689-15-58, sans frais du Mexique,* ☎ *91-800-98-00)* est juché sur une montagne devant Taxco. La majorité des 170 chambres possèdent une terrasse avec vue imprenable sur Taxco et les vallées environnantes. Malgré une entrée luxueuse, une piscine avec vue et un restaurant agréable, la décoration des chambres manque de caractère, et le mobilier y est des plus communs. Plusieurs activités y sont proposées : tennis, balades à cheval (30 pesos l'heure), gymnase (20 pesos l'heure), séance d'aérobic, etc. La présence d'un téléférique à proximité de l'hôtel permet l'accès à la route principale (Av. J.F. Kennedy) de Taxco. Cet endroit conviendra surtout aux personnes appréciant particulièrement l'isolement. En soirée, une voiture ou l'utilisation du taxi s'avère en effet indispensable pour rejoindre le centre de Taxco, rendant la visite de cette dernière plutôt malcommode. Un peu cher pour ce que c'est.

RESTAURANTS

Restaurante de Cruz *($; Callejón del Arco, à gauche de l'église Santa Prisca, du côté gauche de la rue en descendant, juste avant l'arche qui surplombe la ruelle)*. Ce petit restaurant sans prétention possède quelques tables bien ordinaires où vous pourrez goûter à la *comida corrida* pour aussi peu que 20 pesos. Une aubaine pour les voyageurs au budget restreint!

Restaurante Casa Borda *($; à même l'angle de la Casa Borda, juste avant la Plazuela Bernal)*. Ce petit restaurant sans prétention mais au décor agréable a la particularité de servir de l'iguane. Avis aux amateurs!

Localisé dans le tout nouveau Centro Commercial Plaza Taxco (ouvert en 1996), **The Italian Coffee Company** *($; tlj 8 h à 22 h 30; Calle Juan Ruiz de Alarcón, près de la Casa Humboldt)* propose de la restauration légère (sandwichs, pâtisseries, croissants, etc.) dans un cadre particulièrement agréable. Vous pourrez aussi goûter à l'un des ses excellents cafés tout en étant attablés à la terrasse panoramique qui offre une vue sur le Templo de San Bernardino et sur la montagne Atachi (2 220 m), se découpant sur le ciel au loin. Une belle boutique d'artisanat (voir p 157) se trouve à l'entrée. Un endroit à ne pas manquer!

Installé au rez-de-chaussée du Centro Commercial Plaza Taxco (ouvert en 1996), le restaurant **Plaza Taxco** *($; tlj 8 h à 22 h 30; Calle Juan Ruiz de Alarcón, près de la Casa Humboldt)* préprare des plats mexicains simples à bon compte (comptez 40 pesos pour un repas) et servis à son agréable terrasse, dans un environnement calme et à l'abri des foules du Zócalo.

Que ce soit pour un *pozole* ou pour un plat de *comida corrida* (20 pesos) à bon compte, rendez-vous au **Restaurante San Nicolas** *($; tlj 9 h à 19 h; Calle Miguel Hidalgo 8a, du côté gauche de la rue en remontant vers la Plazuela San Juan)*, établi dans une petite salle aux couleurs verte, blanche et rouge qui égayent un décor sympathique.

Restaurante Santa Fe *($; tlj 8 h à 23 h; Calle Miguel Hidalgo, du côté droit de la rue en direction de la Plazuela San Juan)*. Dans un décor traditionnel chaleureux, c'est un véritable plaisir

que de goûter à la *comida corrida* proposée par la très sympathique et efficace patronne de la maison. Les *sopa de haba* ou
de brocoli y sont délicieuses, et la *torta de camarón con
nopalitos* (boulettes) mérite également une mention. Excellent
guacamole. Comptez 60 pesos pour un repas complet et un peu
moins pour la *comida corrida*.

Le restaurant pizza-bar **Concha Nostra** *($; tlj 9 h à 24 h; sur la
Plazuela San Juan, à l'étage de la Casa Grande et à l'opposé de
l'entrée de l'hôtel Casa Grande)* sert de délicieuses pizzas en
trois formats *(15, 30 ou 40 pesos)* dans un bel immeuble de
pierre avec d'imposantes galeries. La salle, malgré ses hauts
plafonds, est chaleureuse et possède un balcon donnant sur la
place. Un endroit où se réunissent les jeunes.

Le restaurant de l'hôtel **Santa Prisca** *($; tlj 7 h 30 à 22 h; Cena
Obscura n° 1, Apdo 42, du côté sud de la Plazuela San Juan)*
attire l'attention avec son mobilier campagnard égayé par des
petites nappes bleu vif qui contrastent agréablement avec le
jaune vif des chaises en rotin. Les *cervezas* à 6 pesos sont une
aubaine!

Comment résister à l'attrayant et innombrable choix de crèmes
glacées proposé par la **Paleteria la Michoacana** *(Calle Cuauhtémoc, du côté droit de la rue en direction de la Plazuela San
Juan)*. Pistache, coco, mangue, papaye, *piña colada*, fruit de la
passion, tamarin et bien d'autres choix encore sous forme de
cornet ou d'esquimau *(popsicle)*.

Pour les lève-tôt, l'élégante petite terrasse garnie de jolis
parasols de bois et de tissus du **Pan Nuestro** *($; Plazuela Bernal)*
constitue un bon endroit où démarrer la journée. Seul regret, le
passage incessant des voitures et la lenteur du service.

Le restaurant **Pizza-Pazza** *($; tlj 9 h à 24 h; sur le Zócalo, du
côté droit de Santa Prisca)* offre une belle vue latérale sur Santa
Prisca, et, de ses balcons, vous pourrez déguster de bonnes
pizzas ou divers plats mexicains tout en admirant la «belle du
Zócalo». Pizzas entre 25 pesos et 45 pesos.

Pour une vue intégrale sur la Santa Prisca, rendez-vous au
Restaurante Bar Paco *($$; tlj 11 h à 23 h; sur le Zócalo, face
à l'église Santa Prisca)*, le seul restaurant du Zócalo à avoir ce
privilège. Vous pourrez y goûter de la cuisine mexicaine,

italienne ou même arabe, dans un beau décor ancien agrémenté de tons pastel agréables, le tout sous de hauts plafonds et face à de très larges fenêtres. L'un des meilleurs moments pour s'y rendre est vers 17 h. Prenez-y l'apéritif, et vous aurez ainsi le plaisir de voir le soleil refléter ses rayons couchants sur la façade de la Santa Prisca, l'enflammant de chaudes couleurs allant du rose au jaune tendre. Bien entendu, à ce moment, n'espérez pas être seul sur les lieux!

Toujours sur le très fréquenté Zócalo, le restaurant **La Parroquia** *($$; tlj 10 h à 23 h; Plaza Borda, du côté ouest, entrée par la ruelle latérale)* offre également une vue sur l'église Santa Prisca, mais propose un menu de plats mexicains assez commun et possède un décor sans grande originalité. L'établissement n'accepte pas les cartes de crédit.

Restaurante El Adobe *($$$; tlj 8 h à 23 h; Plazuela San Juan nº 13, angle Calle Progreso et Carlos J. Nibbi, ☎ 2-14-16)*. Cet agréable restaurant situé au second étage d'un immeuble modeste possède un joli mobilier de bois sculpté installé dans un décor chaleureux composé pour l'essentiel de murs de pierre, de plafonds en bois et de nombreuses plantes vertes. Malheureusement, la présence d'un téléviseur vient quelque peu gâcher l'ambiance chaleureuse de l'endroit. Néanmoins, en demandant à être assis à l'un de ses deux étroits balcons, vous aurez non seulement l'avantage de pouvoir admirer au loin les magnifiques clochers de la Santa Prisca mais aussi de voir la «place de l'Étoile» de Taxco. Parmi les plats proposés, le *queso adobe* (fromage fondu sur pommes de terre, oignons, sésame et coriandre) et le poulet *guerrero*, avec piments, *guacamole*, *frijoles*, oignons et pommes sautés, sont de véritables délices. Pour terminer en beauté, essayez la *crepa de cajeta*, une crêpe accompagnée de sauce caramel. Une bonne adresse!

Le restaurant **Le Taxqueño** *($$$$; tlj 7 h à 23 h; Fracciona-miento Lomas de Taxco, accès par la route principale menant à Acapulco ou par téléférique)* est installé à l'intérieur de l'hôtel Monte Taxco, au sommet d'une montagne faisant face à Taxco. Vous pourrez y déguster de la cuisine mexicaine et des grillades dans une salle au décor très agréable. La vue impre-nable depuis l'hôtel ainsi que l'amusante et spectaculaire montée en téléférique vers celui-ci en font une petite excursion gastronomique amusante.

SORTIES

Que ce soit pour débuter la soirée en prenant un apéritif ou terminer celle-ci avec un digestif, **El Rincón del Abuelo** *(Calle Cuauhtémoc, du côté droit de la rue en direction de la Plazuela San Juan)* constitue un bon endroit. Outre une entrée encadrée par deux mini-fontaines, vous y trouverez un décor moderne et élégant où un mobilier de métal noir prédomine, accompagné d'un éclairage intéressant. Malheureusement, comme trop souvent dans les bars, la présence de la télévision gâche un peu le charme des lieux. Très fréquenté par la jeunesse locale.

Planet Taxco *(Calle Cuauhtémoc, à droite de la rue en direction de la Plazuela San Juan)*. Cette discothèque moderne située dans un sous-sol propose de la *musica ao vivo*, dont le style varie chaque semaine et même parfois chaque jour (rock, disco, musique mexicaine, jazz, etc.). Très fréquentée par la jeunesse locale.

MAGASINAGE

Grâce à ses mines d'argent et à ses fabricants de pièces d'argenterie, Taxco a vu fleurir depuis longtemps déjà un grand nombre de boutiques. On y vient de partout au Mexique pour acheter bijoux, vaisselles et ornementation fabriqués à partir du précieux métal qui fit la richesse de la ville. Vous n'aurez donc aucun mal à trouver tout ce dont vous rêvez tant les magasins sont nombreux. Cependant, avant de vous lancer dans l'aventure, voici quelques conseils qu'il est bon de garder en mémoire.

• Sachez que les nombreuses boutiques installées en bordure de l'Av. J.F. Kennedy (la route principale menant à Acapulco) sont souvent des succursales des magasins installés au centre même de Taxco. À moins d'être pressé, prenez donc le temps de vous rendre au centre de la ville même, car vous y bénéficierez d'un environnement plus agréable.

• Bien que la ville assure un contrôle strict sur la qualité des produits vendus (il en va de la réputation des lieux après tout!), assurez-vous que le poinçon MEX 925 (soit 92,5 % d'argent

garanti dans le métal) soit bien gravé sur tout objet acheté.
Dans le cas de petits objets, il peut arriver qu'étant donné leur
taille réduite, l'espace manque pour y appliquer le poinçon.
Dans ce dernier cas, le vendeur devra vous remettre un
certificat garantissant la qualité du produit. D'autre part, sachez
qu'acheter «à la sauvette», dans la rue, constitue toujours un
risque quant à la qualité de l'objet.

• Bien qu'en règle générale et par respect du travail des
artisans nous ne conseillons pas la négociation des prix, les
marchands d'argenterie à Taxco sont pour la plupart habitués
à cette pratique. Aussi, lors d'achats importants, prenez votre
temps, comparez et n'hésitez pas à vous lancer dans le
marchandage, ce qui fera baisser le prix demandé d'environ
25 %. De plus, notez que le paiement des achats en liquide
plutôt que par cartes de crédit peut vous faciliter l'obtention
d'une réduction.

Voici quelques boutiques dont le choix nous semble intéressant
ou dont le décor est particulièrement original.

Si vous êtes un amateur de pièces d'argenterie mais aussi de
porcelaine, ne manquez pas d'aller admirer les créations
d'**Emilia Castillo** *(Juan Ruiz de Alarcón 7)*. Au rez-de chaussée
de l'hôtel Posada de Los Castillos, vous pourrez observer de la
vaisselle très originale, des sculptures et divers articles en
argent. Digne descendante d'Antonio Castillo, l'un des appren-
tis du célèbre William Spratling (voir p 136), elle développa une
technique permettant d'incruster des motifs en argent dans de
la porcelaine. Le résultat est surprenant et absolument magnifique. À ne pas manquer!

Espinosa *(Calle Miguel Hidalgo 7, du côté droit de la rue en
direction de la Plazuela San Juan)*. C'est surtout le choix des
objets vendus ici qui attire l'attention. La plupart des bijoux
exposés y sont en effet de bon goût, et le personnel est
particulièrement sympathique.

La boutique **David Saúl** *(Calle Cuauhtémoc, du côté gauche de
la rue en direction de la Plazuela San Juan)* vaut le déplacement
non seulement pour son grand choix de bijoux mais aussi pour
son décor fantaisiste imitant l'intérieur d'une grotte tout
immaculée de blanc.

Pour changer de l'argenterie :

Située dans le tout nouveau Centro Commercial Plaza Taxco (ouvert en 1996), la boutique **Fonart** *(tlj 8 h à 22 h 30; Calle Juan Ruiz de Alarcón, près de la Casa Humboldt)* expose de très beaux objets fabriqués par des artisans. Vous y trouverez bibelots, tissus, masques, verrerie et bien d'autres choses encore récoltés par le **Fondo Nacional para el fomento de las Artesanías**, un organisme voué à la promotion de l'artisanat mexicain. Le cadre, particulièrement agréable, vaut le déplacement et constitue aussi un excellent endroit où prendre un café. Un endroit à ne pas manquer!

Dans le patio de la Casa Grande, **Artesanía Davila** *(Plazuela San Juan, du côté nord de la place)* vend une multitude de jolis masques de bois peint dont certains garnissent l'entrée de l'immeuble.

À proximité de l'église Chaverrieta et de la *farmacia*, la **Galería San Ángel en Taxco** *(Calle Escobar, angle Calle Benito Juárez)* propose une collection intéressante d'œuvres originales à prix modiques. Vous y trouverez des bougies parfumées et stylisées, ainsi que des céramiques originales, des crucifix modernes, des peintures et bien d'autres objets de décoration encore.

LEXIQUE

Quelques indications sur la prononciation de l'espagnol en Amérique centrale et dans les Antilles

CONSONNES

c   Tout comme en français, le *c* est doux devant *i* et *e*, et se prononce alors comme un **s** : *cerro* (serro). Devant les autres voyelles, il est dur : *carro* (karro). Le *c* est également dur devant les consonnes, sauf devant le *h* (voir plus bas).

g   De même que pour le *c*, devant *i* et *e* le *g* est doux, c'est-à-dire qu'il est comme un souffle d'air qui vient du fond de la gorge : *gente* (hhente).

Devant les autres voyelles, il est dur : *golf* (se prononce comme en français). Le *g* est également dur devant les consonnes.

ch   Se prononce **tch**, comme dans «Tchad» : *leche* (letche). Tout comme pour le *ll*, c'est comme s'il s'agissait d'une autre lettre, listée à part dans les dictionnaires et dans l'annuaire du téléphone.

h   Ne se prononce pas : *hora* (ora)

j   Se prononce comme le **h** de «him», en anglais.

ll   Se prononce comme **y** dans «yen» : *llamar* (yamar). Dans certaines régions, par exemple le centre de la Colombie, *ll* se prononce comme **j** de «jujube» (*Medellín* se prononce Medejin). Tout comme pour le *ch*, c'est comme s'il s'agissait d'une autre lettre, listée à part dans les dictionnaires et dans l'annuaire du téléphone.

ñ   Se prononce comme le **gn** de «beigne» : *señora* (segno-ra).

r   Plus roulé et moins guttural qu'en français, comme en italien.

s   Toujours **s** comme dans «singe» : *casa* (cassa)

v   Se prononce comme un **b** : *vino* (bino)

z   Comme un **s** : *paz* (pass)

VOYELLES

e   Toujours comme un **é** : *helado* (élado)

       sauf lorsqu'il précède deux consonnes, alors il se prononce comme un **è** : *encontrar* (èncontrar)

u   Toujours comme **ou** : *cuenta* (couenta)

y   Comme un **i** : *y* (i)

Toutes les autres lettres se prononcent comme en français.

ACCENT TONIQUE

En espagnol, chaque mot comporte une syllabe plus accentuée. Cet accent tonique est très important en espagnol et s'avère souvent nécessaire pour sa compréhension par vos interlocuteurs. Si, dans un mot, une voyelle porte un accent aigu (le seul utilisé en espagnol), c'est cette syllabe qui doit être accentuée. S'il n'y a pas d'accent sur le mot, il faut suivre la simple règle suivante :

On doit accentuer l'avant-dernière syllabe de tout mot qui se termine par une voyelle : *amigo*.

On doit accentuer la dernière syllabe de tout mot qui se termine par une consonne sauf **s** (pluriel des noms et adjectifs) ou **n** (pluriel des verbes) : *usted* (mais *amigos*, *hablan*).

PRÉSENTATIONS

au revoir	*adiós, hasta luego*
bon après-midi ou bonsoir	*buenas tardes*
bonjour (forme familière)	*hola*
bonjour (le matin)	*buenos días*

bonne nuit	*buenas noches*
célibataire (m/f)	*soltero/a*
comment allez-vous?	*¿qué tal?*
copain/copine	*amigo/a*
de rien	*de nada*
divorcé(e)	*divorciado /a*
enfant (garçon/fille)	*niño/a*
époux, épouse	*esposo/a*
excusez-moi	*perdone/a*
frère, sœur	*hermano/a*
je suis belge	*Soy belga*
je suis canadien(ne)	*Soy canadiense*
je suis désolé, je ne parle pas espagnol	*Lo siento, no hablo español*
je suis français(e)	*Soy francés/a*
je suis québécois(e)	*Soy quebequense*
je suis suisse	*Soy suizo*
je suis un(e) touriste	*Soy turista*
je vais bien	*estoy bien*
marié(e)	*casado/a*
merci	*gracias*
mère	*madre*
mon nom de famille est...	*mi apellido es...*
mon prénom est...	*mi nombre es...*
non	*no*
oui	*sí*
parlez-vous français?	*¿habla usted francés?*
père	*padre*
plus lentement s'il vous plaît	*más despacio, por favor*
quel est votre nom?	*¿cómo se llama usted?*
s'il vous plaît	*por favor*
veuf(ve)	*viudo/a*

DIRECTION

à côté de	*al lado de*
à droite	*a la derecha*
à gauche	*a la izquierda*
dans, dedans	*dentro*
derrière	*detrás*
devant	*delante*
en dehors	*fuera*

entre	*entre*
ici	*aquí*
il n'y a pas...	*no hay...*
là-bas	*allí*
loin de	*lejos de*
où se trouve ... ?	*¿dónde está ... ?*
pour se rendre à...?	*¿para ir a...?*
près de	*cerca de*
tout droit	*todo recto*
y a-t-il un bureau de tourisme ici?	*¿hay aquí una ofici-nade turismo?*

L'ARGENT

argent	*dinero/plata*
carte de crédit	*tarjeta de crédito*
change	*cambio*
chèque de voyage	*cheque de viaje*
je n'ai pas d'argent	*no tengo dinero*
l'addition, s'il vous plaît	*la cuenta, por favor*
reçu	*recibo*

LES ACHATS

acheter	*comprar*
appareil photo	*cámara*
argent	*plata*
artisanat typique	*artesanía típica*
bijoux	*joyeros*
cadeaux	*regalos*
combien cela coûte-t-il?	*¿cuánto es?*
cosmétiques et parfums	*cosméticos y perfumes*
disques, cassettes	*discos, casetas*
en/de coton	*de algodón*
en/de cuir	*de cuero/piel*
en/de laine	*de lana*
en/de toile	*de tela*
fermé	*cerrado/a*
film, pellicule photographique	*rollo/film*
j'ai besoin de ...	*necesito ...*
je voudrais	*quisiera...*

je voulais	*quería...*
journaux	*periódicos/diarios*
la blouse	*la blusa*
la chemise	*la camisa*
la jupe	*la falda/la pollera*
la veste	*la chaqueta*
le chapeau	*el sombrero*
le client, la cliente	*el/la cliente*
le jean	*los tejanos/los vaque-ros/los jeans*
le marché	*mercado*
le pantalon	*los pantalones*
le t-shirt	*la camiseta*
le vendeur, la vendeuse	*dependiente*
le vendeur, la vendeuse	*vendedor/a*
les chaussures	*los zapatos*
les lunettes	*las gafas*
les sandales	*las sandalias*
montre-bracelet	*el reloj(es)*
or	*oro*
ouvert	*abierto/a*
pierres précieuses	*piedras preciosas*
piles	*pilas*
produits solaires	*productos solares*
revues	*revistas*
un grand magasin	*almacén*
un magasin	*una tienda*
un sac à main	*una bolsa de mano*
vendre	*vender*

DIVERS

beau	*hermoso*
beaucoup	*mucho*
bon	*bueno*
bon marché	*barato*
chaud	*caliente*
cher	*caro*
clair	*claro*
court	*corto*
court (pour une personne petite)	*bajo*
étroit	*estrecho*

foncé	*oscuro*
froid	*frío*
gros	*gordo*
j'ai faim	*tengo hambre*
j'ai soif	*tengo sed*
je suis malade	*estoy enfermo/a*
joli	*bonito*
laid	*feo*
large	*ancho*
lentement	*despacio*
mauvais	*malo*
mince, maigre	*delgado*
moins	*menos*
ne pas toucher	*no tocar*
nouveau	*nuevo*
où?	*¿dónde?*
grand	*grande*
petit	*pequeño*
peu	*poco*
plus	*más*
qu'est-ce que c'est?	*¿qué es esto?*
quand	*¿cuando?*
quelque chose	*algo*
rapidement	*rápidamente*
requin	*tiburón*
rien	*nada*
vieux	*viejo*

LES NOMBRES

0	*zero*
1	*uno ou una*
2	*dos*
3	*tres*
4	*cuatro*
5	*cinco*
6	*seis*
7	*siete*
8	*ocho*
9	*nueve*
10	*diez*

11	*once*
12	*doce*
13	*trece*
14	*catorce*
15	*quince*
16	*dieciséis*
17	*diecisiete*
18	*dieciocho*
19	*diecinueve*
20	*veinte*
21	*veintiuno*
22	*veintidós*
23	*veintitrés*
24	*veinticuatro*
25	*veinticinco*
26	*veintiséis*
27	*veintisiete*
28	*veintiocho*
29	*veintinueve*
30	*treinta*
31	*treinta y uno*
32	*treinta y dos*
40	*cuarenta*
50	*cincuenta*
60	*sesenta*
70	*setenta*
80	*ochenta*
90	*noventa*
100	*cien/ciento*
200	*doscientos, doscientas*
500	*quinientos, quinientas*
1 000	*mil*
10 000	*diez mil*
1 000 000	*un millón*

LA TEMPÉRATURE

il fait chaud	*hace calor*
il fait froid	*hace frío*
nuages	*nubes*
pluie	*lluvia*
soleil	*sol*

année	*año*
après-midi, soir	*tarde*
aujourd'hui	*hoy*
demain	*mañana*
heure	*hora*
hier	*ayer*
jamais	*jamás, nunca*
jour	*día*
maintenant	*ahora*
minute	*minuto*
mois	*mes*
nuit	*noche*
pendant le matin	*por la mañana*
quelle heure est-il?	*¿qué hora es?*
semaine	*semana*
dimanche	*domingo*
lundi	*lunes*
mardi	*martes*
mercredi	*miércoles*
jeudi	*jueves*
vendredi	*viernes*
samedi	*sábado*
janvier	*enero*
février	*febrero*
mars	*marzo*
avril	*abril*
mai	*mayo*
juin	*junio*
juillet	*julio*
août	*agosto*
septembre	*septiembre*
octobre	*octubre*
novembre	*noviembre*
décembre	*diciembre*

LES COMMUNICATIONS

appel à frais virés (PCV)	*llamada por cobrar*
attendre la tonalité	*esperar la señal*
composer le préfixe	*marcar el prefijo*

courrier par avion	*correo aéreo*
enveloppe	*sobre*
interurbain	*larga distancia*
la poste et l'office des télégrammes	*correos y telégrafos*
le bureau de poste	*la oficina de correos*
les timbres	*estampillas/sellos*
tarif	*tarifa*
télécopie (fax)	*telecopia*
télégramme	*telegrama*
un annuaire de téléphone	*un botín de teléfonos*

LES ACTIVITÉS

musée ou galerie	*museo*
nager, se baigner	*bañarse*
plage	*playa*
plongée sous-marine	*buceo*
se promener	*pasear*

LES TRANSPORTS

à l'heure prévue	*a la hora*
aéroport	*aeropuerto*
aller simple	*ida*
aller-retour	*ida y vuelta*
annulé	*annular*
arrivée	*llegada*
avenue	*avenida*
bagages	*equipajes*
coin	*esquina*
départ	*salida*
est	*este*
gare, station	*estación*
horaire	*horario*
l'arrêt d'autobus	*una parada de autobús*
l'arrêt s'il vous plaît	*la parada, por favor*
l'autobus	*el bus*
l'avion	*el avión*
la bicyclette	*la bicicleta*
la voiture	*el coche, el carro*
le bateau	*el barco*

le train	*el tren*
nord	*norte*
ouest	*oeste*
passage de chemin de fer	*crucero ferrocarril*
rapide	*rápido*
retour	*regreso*
rue	*calle*
sud	*sur*
sûr, sans danger	*seguro/a*
taxi collectif	*taxi colectivo*

LA VOITURE

à louer, qui prend des passagers	*alquilar*
arrêt	*alto*
arrêtez	*pare*
attention, prenez garde	*cuidado*
autoroute	*autopista*
défense de doubler	*no adelantar*
défense de stationner	*prohibido aparcar o estacionar*
essence	*petróleo, gasolina*
feu de circulation	*semáforo*
interdit de passer, route fermée	*no hay paso*
limite de vitesse	*velocidad permitida*
piétons	*peatones*
ralentissez	*reduzca velocidad*
station-service	*servicentro*
stationnement	*parqueo, estacionamiento*

L'HÉBERGEMENT

air conditionné	*aire acondicionado*
ascenseur	*ascensor*
avec salle de bain privée	*con baño privado*
basse saison	*temporada baja*
chalet (de plage), bungalow	*cabaña*
chambre	*habitación*
double, pour deux personnes	*doble*
eau chaude	*agua caliente*
étage	*piso*

gérant, patron	*gerente, jefe*
haute saison	*temporada alta*
hébergement	*alojamiento*
lit	*cama*
petit déjeuner	*desayuno*
piscine	*piscina*
rez-de-chaussée	*planta baja*
simple, pour une personne	*sencillo*
toilettes, cabinets	*baños*
ventilateur	*ventilador*

SPÉCIAL MEXIQUE

au choix	*guisados (al guisados)*
baignoire	*Tina*
bébé requin	*cazón*
chips	*totopos*
douche	*regadera*
jaser	*platicar*
rond-point	*glorieta*
S'il vous plaît, ne pas nous déranger!	*Por favor, no nos molesta!*

INDEX

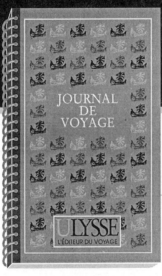

■ GUIDES DE VOYAGE ULYSSE

☐ Arizona et Grand Canyon	24,95 $
☐ Boston	17,95 $
☐ Côte d'Azur - Alpes-Maritimes - Var	24,95 $
☐ Californie	29,95 $
☐ Chicago	19,95 $
☐ Costa Rica	24,95 $
☐ Côte-Nord	22,95 $
☐ Cuba	24,95 $
☐ Disney World	22,95 $
☐ Équateur	24,95 $
☐ Floride	29,95 $
☐ Gaspésie Bas-Saint-Laurent Îles-de-la-Madeleine	22,95 $
☐ Gîtes du Passant au Québec	12,95 $
☐ Guadeloupe	24,95 $
☐ Honduras	24,95 $
☐ Jamaïque	22,95 $
☐ Le Québec	29,95 $
☐ Louisiane	24,95 $
☐ Martinique	24,95 $
☐ Mexique Côte Pacifique	24,95 $
☐ Montréal en métro	14,95 $
☐ Montréal	19,95 $
☐ Nicaragua	24,95 $
☐ Nouvelle-Orléans	17,95 $
☐ Nouvelle-Angleterre	29,95 $
☐ Ontario	24,95 $
☐ Ouest canadien	24,95 $
☐ Panamá	24,95 $
☐ Plages du Maine	12,95 $
☐ Portugal	24,95 $
☐ Provence	24,95 $
☐ Provinces maritimes	24,95 $
☐ République Dominicaine	24,95 $
☐ Saguenay - Lac St-Jean - Charlevoix	22,95 $

☐ El Salvador	22,
☐ San Francisco	17,
☐ Toronto	18,
☐ Vancouver	14,
☐ Venezuela	29,
☐ Ville de Québec et environs	22,

■ ULYSSE PLEIN SUD

☐ Acapulco	14,
☐ Cancun	17,
☐ Cape Cod - Nantucket	16,
☐ Carthagène	9,
☐ Puerto Vallarta	14,
☐ Saint-Martin Saint-Barthélemy	16,

■ ESPACES VERTS ULYSSE

☐ Cyclotourisme en France	22,
☐ Motoneige au Québec	19,
☐ Nouvelle-Angleterre à vélo	19,
☐ Randonnée pédestre dans le Nord-Est des États-Unis	19,
☐ Randonnée pédestre Montréal et environs	19
☐ Randonnée pédestre au Québec	19
☐ Ski de fond au Québec	19

■ JOURNAUX DE VOYAGE ULYSSE

☐ Journal de voyage Ulysse	12,
☐ Journal de voyage Ulysse 80 jours (couvert rigide)	14
☐ Journal de voyage Ulysse (spirale) bleu - vert - rouge ou jaune	11
☐ Journal de voyage Ulysse (format poche) bleu - vert - rouge ou jaune	8

QUANTITÉ	TITRE	PRIX	TOTA
		Total partiel	
		Poste-Canada*	
		Total partiel	
		T.P.S. 7%	
		Total	

Nom : ....

Adresse : ....

....

Paiement : ☐ Visa ☐ Master Card   Numéro de carte : ....

Expiration : ....

ULYSSE L'ÉDITEUR DU VOYAGE
4176, rue Saint-Denis, Montréal, Québec
☎ (514) 843-9447 fax (514) 843-9448
Pour l'Europe, s'adresser aux distributeurs, voir liste p. 2
* Pour l'étranger, compter 15 $ de frais d'envoi